Eva Ulmer-Janes

Die Magie kehrt zurück

Vom bewußten Gestalten der Realität

Für Serge Kahili King

Eva Ulmer-Janes

Die Magie kehrt zurück

Vom bewußten Gestalten der Realität

Ibera Verlag

Mit dieser Spirale wird jeweils der Beginn einer Übung angezeigt.

Die Deutsche Bibliothek – CIP-Einheitsaufnahme
Ulmer-Janes, Eva:
Die Magie kehrt zurück / Eva Ulmer-Janes. – Wien :
IberaVerlag, 1998
ISBN 3-900436-72-X

Lektorat: Genia Gazda
Coverfoto Rückseite: Joe Malina
Herstellung: Druckerei Theiss GmbH, A-9400 Wolfsberg

ISBN- 3-900436-72-X

Inhaltsverzeichnis

Vorwort

Kahuna, hawaiianischer Schamane,
Petroglyph um 1300

Schon als ich „Magie ist keine Hexerei" geschrieben habe, war mir klar, daß ich zumindest einen zweiten Band dazu schreiben muß und werde. Ich hatte nämlich einige Themen ausgespart, von denen ich annahm, sie seien für den magischen Lehrling fürs erste doch ein bißchen befremdlich. Schließlich bedarf es einiger Übung, um aus jahre- und jahrzehntelang geübten Gedankenmustern, aus der Bequemlichkeit tradierter Meinungen und aus dem alltäglichen Schlendrian herauszufinden.

Wenn man sich mit dem magischen Weltbild ernsthaft befaßt, wenn man sich seiner Macht in der alltäglichen und nicht alltäglichen Welt einmal bewußt geworden ist, wird es gleichzeitig sehr spannend, aber auch „anstrengend" in diesem Leben. Dann ist alles, buchstäblich alles, in unserem Erleben nicht mehr von der eigenen Erwartung, den eigenen Hoffnungen und Ängsten zu trennen, dann sind die äußere und die innere Welt nicht mehr getrennte Bereiche, dann werden wir die Verantwortung für unsere selbstgeschaffene Wirklichkeit nicht mehr los.

Die Basis jeder magischen oder schamanischen Arbeit ist daher die Entscheidung, diese machtvolle schöpferische Position einzunehmen.

In Wahrheit ist natürlich jedes Verhalten, jeder Blickwinkel auf die Realität das Ergebnis eines Entschlusses. Auch wenn sich jemand lieber nicht so exponiert, es vorzieht, sich als Produkt oder Opfer seiner Eltern, Vorgesetzten oder der „Gesellschaft" zu fühlen, hat er sich dafür und damit gegen einen eigenverantwortlichen Umgang mit seiner Energie und seinen Möglichkeiten entschieden. Aus der Sicht des Magiers gibt es keine Alternative! Jeder entscheidet sich, so oder so, bewußt oder unbewußt.

Wobei ich durchaus auch sehen kann, daß die Rolle des vom Schicksal Gebeutelten gewisse Vorteile hat, sofern man sie als solche betrachtet: Ein Mensch, der sich von Erziehung, Milieu und Umständen bestimmt sieht, hat immer einen Schuldigen, auf den er böse sein kann, wenn einmal irgendetwas nicht nach Wunsch verläuft. Er kann sich für immer in der Illusion wiegen, daß er die wunderbarsten Dinge erfunden und bewerkstelligt hätte, wenn er bessere Voraussetzungen dazu vorgefunden hätte. Er ist überhaupt der liebste und beste Zeitgenosse, nur halt leider von den Widrigkeiten des Alltags und von unsensiblen Mitmenschen an der Entfaltung seiner Qualitäten gehindert. Solche Ansichten haben wir doch alle schon gehört, nicht wahr?

Die Kehrseite der Medaille sieht meistens dann ein wenig rosiger aus, was ich manchmal nicht ganz ohne Ironie bemerke: Wenn diesen „Opferlämmern" dann doch einmal etwas Beeindruckendes gelingt, ist das nicht nur ganz allein ihr Verdienst und nicht mehr Fügung, ja sie gehen sogar so weit zu meinen, daß es eine doppelt so hoch zu bewertende Leistung sei, da sie diese trotz aller Querelen und Schwierigkeiten zustande gebracht hätten.

Wie gesagt, es hat gewisse Vorteile, so zu denken, aber es hat auch gravierende Nachteile: Spätestens wenn die eigene Existenz wirklich bedroht ist, sei es durch beruflichen Mißerfolg, durch privates Unglück oder Krankheit, wenn es also nichts mehr nützt, einen Außenfeind für die eigene Befindlichkeit verantwortlich zu machen und zu bekämpfen, ist man mit diesem Weltbild an unüberwindliche Grenzen gestoßen. Ob man „unschuldig“ oder „schuldig“ auf einen Abgrund zusteuert, macht dann wenig Unterschied.

So ist es sicher kein Zufall, daß besonders Menschen in Extremsituationen ihr bisheriges Denken umkrempeln und auf die Suche nach neuen Ideen gehen. Auch mir begegnen immer wieder Menschen, die nach einer Krebserkrankung, in der Phase der Ehescheidung oder mitten in einem beruflichen Fiasko Bilanz ziehen und zu dem Schluß kommen, daß ihre bisherige Denkweise sie an den Punkt gebracht hat, an dem sie sich jetzt befinden. Und gleichzeitig spüren diese Menschen in der Krise auch, daß das noch nicht alles gewesen sein kann, daß es da offenbar noch ein paar Möglichkeiten gibt, die sie bisher noch nicht in Betracht gezogen hatten.

Eine weniger dramatische, aber doch bezeichnende Geschichte habe ich vor Jahren in Brasilien erlebt. Wir waren in einen Tempel von japanischen Buddhisten in der Nähe von Sao Paulo gekommen, um dort einen Beitrag für eine Fernsehdokumentation über Schamanen und Spiritisten zu drehen. An diesem Tag sollte eine Zeremonie stattfinden, bei der Hunderte von Menschen mit nackten Füßen über glühende Kohlen gehen.

Zu unserer Gruppe gehörte auch ein sehr erfolgreicher kalifornischer Bauunternehmer, Dick, und sein Medizin studierender Sohn, Danny, denen die Vorstellung, über rotglühende Holzkohlen zu gehen, kalte Schauer über den Rücken jagte. Dick kam zu mir, um mich nach meinen Absichten zu fragen. Für mich war es ganz klar, daß ich mich auf das Abenteuer einlassen würde, wenn die zuständigen Priester keinen Grund sähen, mich daran zu hindern. Und das sagte ich ihm. „Aber das ist verrückt“, antwortete er, was ich nur bestätigen konnte. Ver-rückt, aus dem Bereich gerückt, den wir bisher für ganz normal gehalten hatten. Ja sicher, das war es.

Bis der riesige Holzstoß heruntergebrannt war, hatte Dick mehrere Stunden Zeit, sich mit dieser ungewohnten, befremdlichen Vorstellung, über glühende Kohlen zu laufen, auseinanderzusetzen, und kam zu dem Schluß, daß er nie wieder so denken könnte wie früher, sollte etwas, was er bis zu diesem Tag für unmöglich gehalten hatte, doch möglich sein; sollte er über diese Glut gehen können, ohne sich zu verbrennen. Sein gesamtes Weltbild wäre in Frage gestellt. Weil er aber mit seiner gewohnten Denkweise seit Jahren sehr erfolgreich war, werde er dieses Risiko, die Welt neu und vielleicht weniger einseitig betrachten zu müssen, bestimmt nicht eingehen.

Zu meinem Erstaunen gingen dann sowohl Vater Dick als auch Sohn Danny über die Kohlen und waren darüber verblüfft, aber gleichzeitig auch sehr stolz darauf. Detail am Rande: Als nächstes fiel ihnen auf, daß sie den spektakulären Vorfall nicht dokumentiert hatten. Also schritt Dick nochmals über die Kohlen, Danny fotografierte, und dann wiederholte Danny die Prozedur, und Dick machte das entscheidende Foto. Und damit sie ganz bestimmt nie wieder vergessen könnten, was sie in Sao Paulo erlebt haben, zogen die beiden am nächsten Tag los, erwarben eine Amethystdruse von 1,5 Tonnen Gewicht und ließen sie nach Kalifornien verschiffen.

Was ich damit sagen will, ist folgendes: Das Risiko besteht ganz real, daß Sie nach den ersten Erfahrungen mit magischer Arbeit nie wieder so tun können, als gäbe es diese Möglichkeit im Universum nicht. Sie können diese Erfahrung nicht mehr ungeschehen machen, Sie werden nie wieder so denken können wie bisher.

Aber Sie haben damit auch eine Türe aufgemacht zu ganz neuen Dimensionen des Lebens und den Zugang zu Ihrem eigenen geistigen Potential gefunden. Sie gestalten alle Bereiche Ihres Daseins im Einklang mit den kosmischen Gesetzen macht- und liebevoll mit. Dann sind Sie wirklich Meister/Meisterin Ihres Schicksals!

Schamanen und Magier

Schamane mit Trommel, sibirische Felszeichnung

Die Bezeichnung „Schaman" meint ursprünglich Medizinmänner, Priester und Heiler eines sibirischen Stammes, der Tungusen. Ethnologen haben unter diesem Begriff später alles subsumiert, was in etwa dieser Funktion in den sogenannten primitiven Kulturen entspricht.

Schamanen sind also die Mittler zwischen den Stammesmitgliedern und der Welt der Geister, aus der sie Information und Weisheit beziehen, Kenntnisse über die Heilung von Krankheiten, über bevorstehende Ereignisse natürlicher und menschlicher Provenienz und ein tiefes Wissen über die Gesetze des Kosmos und den Sinn unseres Lebens. Sie sind diejenigen, die in ungebrochener Tradition bis heute mit magischen Techniken arbeiten.

In Südamerika wird unterschieden zwischen dem Weißmagier und Heiler, dem „curandero", und dem Zauberer, der auch für Liebes- und Schadenzauber, für Machtausübung jeder Art zuständig ist, sein Wissen also weiß- und schwarzmagisch anwendet, dem „brujo". In Hawai'i gibt es verschieden schamanische Richtungen, ich weiß von Meistern der Pflanzen, der heiligen Musik und des Tanzes, der mentalen Kräfte und einigen mehr.

Im esoterischen Sinn ist der Schamane ein Heiler im weitesten Sinn, ein Heiler des Planeten und seiner Bewohner, ein Hüter des Alten Wissens um die Gesetze des Universums. Stadt-Schamanen, zu denen auch ich mich zähle, haben es sich zur Aufgabe gemacht, dieses Wissen um die Natur der Dinge auch in unserem städtischen Umfeld zu leben und zu vermitteln.

Es geht dabei um die verborgenen Zusammenhänge und Inhalte, die keineswegs an Rituale an den Kraftplätzen der Inkas oder eines anderen nativen Volkes gebunden sind, auch nicht an Zauberpflanzen, besondere Tiere, Rasseln und Trommeln.

Es geht um den bewußten Umgang mit Energie in und um uns, wie ja auch für den Schamanen die Elemente seines Rituals nur Symbole oder Konzentrationshilfen sind. Die großen Meister haben diese äußeren Zeichen immer schon für Hilfsmittel und Krücken gehalten, auf die sie verzichtet haben, sobald sie sie entbehren konnten.

Es geht um eine besondere Sicht der Dinge dieser und einiger anderer Welten, darum, sich bewußt die innere Einstellung des Schamanen und Magiers anzueignen. Darum, die eigene Position wahrzunehmen als die eines Wesens, das einerseits immer und überall Macht ausübt, mit allem, was es denkt und tut, in einem vernetzten Universum wirksam ist und daher für alle seine Gedanken und Taten, für seine Gefühle und Befindlichkeiten Verantwortung trägt, und das andererseits gleichzeitig nur ein winziges Rädchen in der großen Weltmaschine ist, eben durch die erwähnte Vernetzung auch von allen anderen Teilen des Kosmos abhängig und beeinflußt.

In diesem Spannungsfeld sich zurechtzufinden, die Demut, die aus der Erkenntnis der eigenen Bedeutungslosigkeit im All resultiert, mit dem Wissen um die eigene Fähigkeit, in jedem Augenblick den Kosmos mitzuerschaffen und damit teilzuhaben am Göttlichen, zu verbinden und diese beiden Pole im eigenen Selbst in Balance zu halten, das ist es, was den Magier ausmacht. Das ist das Geheimnis des Schamanen.

Daher ist es auch kein Zufall, daß Schamanen sehr oft durch Nahtod-Erfahrungen gegangen sind, bevor sie berufen wurden. An der Schwelle zu anderen Welten haben sie Grundsätzliches über die verschiedenen Aspekte von Sein und Bewußtsein begriffen. Die zahlreichen Berichte von ehemals klinisch Toten in unserem Kulturkreis bestätigen diese Erfahrung.

Und was haben wir davon? Was nützt es mir westlichem Großstadtbewohner, mir das Weltbild und – in modifizierter Form – auch die Techniken eines Schamanen anzueignen?

So unbequem es sein mag, sich erst einmal dem Gedanken zu stellen, daß jeder sich seine eigene Wirklichkeit erschafft – nicht nur berufliche Erfolge, auch der Mißerfolg ist „homemade", nicht nur meine stählerne Fitneß, auch jede Krankheit ist das Resultat des eigenen Denkens und Handelns, jeder ungerechte Chef, Beziehungsprobleme und mißratene Söhne sind ebenfalls Bestandteile und damit Erzeugnisse eines bestimmten Weltbildes –, so faszinierend ist doch die Vorstellung, daß alles, was meine Kreation ist, auch durch mich bewußt verändert werden kann.

Betrachte ich eine Krebsgeschwulst als bösartige Attacke durch ein blindwütiges Schicksal, stehe ich dem Problem recht hilflos und ohnmächtig gegenüber. Wenn ich dagegen die Erkrankung als Mitteilung meines Unterbewußten auffasse, daß ich etwas in meinem Leben tiefgreifend verändern muß, weil es so buchstäblich nicht weitergehen kann, habe ich schon die besten Chancen, gesund zu werden.

An allem, was einem im Leben begegnet, ist man zumindest beteiligt. Und nur dieser eigene Anteil ist wirklich interessant, der ist unser kreatives Potential. Was auch immer ich damit mache, wie auch immer ich es bewußt oder unbewußt einsetze, so gestaltet sich auch meine Umgebung. Wenn ich der Meinung bin, daß es keine erschwinglichen, schönen Wohnungen auf dem Markt gibt, wird mich meine selektive Wahrnehmung die besten Chancen übersehen lassen. Wenn alle Männer sowieso Schweine sind, wird dieses Denkmuster in jeder neuen Bekanntschaft bestätigt. Psychologen nennen dieses Phänomen „selffulfilling prophecy".

Der Magier nennt es den schwarzmagischen Umgang mit sich selbst und setzt alles daran, diese Haltung bewußt und damit veränderbar zu machen. Er verfügt über Techniken, um unbewußten Ursachen von Störungen nachzuspüren und Gegenbilder zu erschaffen, ja sogar auch um diese Bilder in der Materie umzusetzen.

Jetzt könnten Sie fragen, ob wir, die wir unter ganz anderen inneren und äußeren Prämissen aufgewachsen sind als ein indianischer Medizinmann oder ein Heiler bei den Tuviniern in Sibirien, überhaupt die Voraussetzungen für einen solchen Alten Weg mitbringen. Ob wir nicht vielmehr völlig abgetrennt sind von diesen spirituellen Wurzeln, aus denen unsere Vorfahren noch Kraft und Wissen bezogen.

Dazu gibt es mindestens zwei Antworten: Die erste ist, daß nach Auffassung der Schamanen und Magier nichts verloren gehen kann, was einmal gedacht oder gesagt worden ist, es bleibt in einer Art universellem Bewußtseinsspeicher oder vielleicht sogar in unserem genetischen Code erhalten. Es kann daher nur im Moment verschüttet oder schwer zugänglich sein, solange die Techniken, diesen Speicher anzuzapfen, nicht zum Allgemeinwissen gehören und diejenigen, die sich dessen bedienen können, für verrückt oder zumindest verdächtig gehalten werden.

Und die zweite Antwort ist, daß gerade wir Westler in einer speziellen Weise dafür trainiert sind, uns auch schamanisches Wissen sehr rasch und direkt anzueignen. Wir bringen schon durch unsere Schulbildung einige Voraussetzungen mit, weil wir alle gelernt haben, mit Symbolen umzugehen, Symbole stellvertretend für etwas anderes zu nehmen – wir haben nämlich lesen und schreiben gelernt. Und was sind Buchstabenkombinationen in Wörtern oder Ziffern denn anderes als Symbole für die eigentlichen Dinge? Weiters haben wir ein ziemlich umfangreiches Wissen über die Natur und verfügen über eine Reihe von Informationsquellen von Büchern bis Internet, falls uns eine spezielle Information abgehen sollte. Außerdem sind wir daran gewöhnt, viel theoretisches Wissen in kurzer Zeit aufzunehmen, das danach über einen größeren Zeitraum aufgearbeitet und in die Praxis umgesetzt wird. Und zu guter Letzt haben wir – durch Bücher, Radio und Film vermittelt – eine wahre Flut von Geschichten in unserem Gedächtnis, die sich wie die Mythen der Stammeskulturen lehrreich und beispielgebend einsetzen lassen.

Alle diese Fähig- und Fertigkeiten eignet sich ein Schamanenschüler im Lauf vieler Jahre an, er begleitet und beobachtet seinen Meister lange

Zeit, bis er imstande ist, selbständig und eigenverantwortlich magisch zu arbeiten. Die Schwierigkeit für uns in unserer hochtechnisierten Welt besteht also nicht darin, daß wir zu wenig an Kenntnissen und Begabungen hätten, sondern vielmehr in der mangelnden Flexibilität des Denkens, in unserem Wertesystem, demgemäß Tiere und Pflanzen keine gleichrangigen Lebewesen sind und daher weniger Respekt als Menschen verdienen, und in dem Hochmut, daß unsere Denkweise die überlegene und einzig richtige sei. Sie ist aber nur eine mögliche, die wie jedes andere Denkmodell Vor- und Nachteile hat. Es bleibt jedem von uns selbst überlassen, das für ihn am besten geeignete Modell zu finden und in seinem Leben zu manifestieren. Und es kann durchaus lohnend sein, seit Jahrtausenden bewährte geistige Zugänge und Methoden auf ihre Tauglichkeit für den Alltag eines durchschnittlichen europäischen Städters abzuklopfen.

Wenn man zum ersten Mal Erfahrungen mit hilfreichen Geistwesen, prompt erfüllten Wünschen und Spontanheilungen gemacht hat, stellt sich die Frage nach dem „Wozu?“ nicht mehr. Wer einmal den Ausschnitt der Wirklichkeit, den er wahrzunehmen bereit ist, erweitert hat, erfährt dadurch auch, daß seine Möglichkeiten und geistigen Fähigkeiten bei weitem größer sind, als er bisher angenommen hatte.

Schamane oder Magier zu werden, ist also auch ein wunderbares geistiges Abenteuer, es ist anstrengend, faszinierend, belastend, erhebend, erschreckend und komisch, zutiefst menschlich und berührend, aber auch ein Schritt zur Entfaltung des Göttlichen in uns.

Die vier Ebenen der Realitäts-wahrnehmung

Abbild der Welt auf einer sibirischen Schamanentrommel

Um effektiv magisch arbeiten zu können, ist es wichtig, den Begriff der Realität zu definieren. Ich habe schon im ersten Buch erklärt, daß Wirklichkeit keine objektive Größe ist, daß sich vielmehr jeder seine ganz subjektive Version davon erschafft.

Nur ganz kurz zur Erinnerung ein kleiner Ausflug in die Quantenmechanik, wo sich in wissenschaftlichen Experimenten herausgestellt hat, daß es so etwas wie klar zu umschreibende Materie, und damit alltägliche Wirklichkeit, nicht gibt. Subatomare Teilchen sind vielmehr energetische Potentiale, die erst durch die Erwartungen, die Gedankenmuster eines anwesenden Bewußtseins, zum Beispiel in der Person eines Forschers, definiert werden.

Magisch interpretiert bedeutet das, wir alle erschaffen uns unsere Wirklichkeit in jedem Augenblick selbst. Daraus folgt weiter, daß wir an nichts gebunden sind, was wir irgendwann für Wirklichkeit gehalten haben, nicht einmal an unsere eigenen bisherigen Denkmuster. Selbst wenn wir uns bisher auf eine bestimmte Welt als real und beständig eingelassen haben, gibt es keinen Grund, diese weiterhin für unveränderbar zu halten.

Sobald wir unsere Gedanken neu strukturieren, steht uns die Neuerschaffung unseres eigenen Kosmos frei. Dafür gibt es – wie für die ganze schamanisch-magische Arbeit – keine starren Regeln, das einzig entscheidende Kriterium ist, daß sich unsere Vorstellungen für uns selbst gut und richtig anfühlen und mit unseren Werten im Einklang stehen.

Daß es natürlich in allen Kulturen und in allen Traditionen trotzdem ein mehr oder weniger präzise vermitteltes Wissen um Techniken gibt, ist dazu kein Widerspruch. Diese Methoden sind eben das Ergebnis der Arbeit von kundigen Menschen, sie können uns den Weg zu erwünschten Erfahrungen abkürzen. Sie aber unhinterfragt möglichst genau zu kopieren, hat nichts mit eigenverantwortlicher magischer Arbeit zu tun. Es lohnt sich daher durchaus, sich mit den Lehren der Meister zu befassen, aber das entbindet uns niemals von der Aufgabe, diese für uns selbst zu überprüfen und unsere eigene Sicht, unseren eigenen Zugang zu entwickeln. Sie können ein wertvoller Hinweis sein, stammen aber aus einem menschlichen Bewußtsein mit anderen Beschränkungen und anderen Möglichkeiten. Wir müssen dieses Alte Wissen modifizieren, es unseren Gegebenheiten und Notwendigkeiten anpassen, sonst gelingt es uns nicht, damit kreativ und sinnvoll umzugehen. Was in einem peruanischen Dorf in einer bestimmten rituellen Form stattfindet, und sei es schon seit Jahrhunderten, mag für die Menschen dort hilfreich sein, ist aber, nur möglichst exakt kopiert, für Europäer mit ganz anderer kultureller Prägung eine exotische Spielerei. Anwendbar wird das Ritual für uns nur in einer Form, die unseren Background berücksichtigt. Was ein traditioneller peruanischer Schamane „Mesa“ nennt und mit seinen Ritualgegenständen bestückt, entspricht in unseren Breiten einem Hausaltar oder Herrgottswinkel.

Auffallend ist aber doch, daß die Zahl „vier" in verschiedenen Kulturen weltweit immer wieder in Zusammenhang mit Konzepten, die sich mit der irdischen Welt der Materie, der Welt als Gegensatz zum Himmel, mit Modellen, die alltägliche Wirklichkeit beschreiben wollen, auftaucht. Schamanen und Magier arbeiten mit vier Grundelementen, Feuer, Wasser, Erde und Luft, die vier Richtungen zugeordnet werden. Uns allen ist es vertraut, uns auf unserem Planeten nach vier Himmelsrichtungen zu orientieren. Die Vierheit beschreibt immer erd- oder materiegebundene, auf das irdische Leben der Menschen bezogene Denkstrukturen. Das ist offenbar in Menschen archetypisch so verankert und daher nicht kulturspezifisch unterschiedlich.

Die Sufis, das sind die Mystiker des Islam, die tanzenden Derwische, die sich als die Erben praktisch aller großen alten Strömungen des Denkens im Nahen Osten verstehen und die im übrigen wie die Mystiker in allen Religionen keine Fundamentalisten sind – schließlich beschäftigen sie sich nicht mit den äußerlichen Unterschieden, sondern mit dem spirituellen Kern der Religion –, die Sufis also kennen Lehrgeschichten, in denen immer wieder von vier Ebenen des menschlichen Bewußtseins, von vier möglichen Zugängen zum Wissen die Rede ist, die aber alle nur einen Ausschnitt des Gesamten erkennen lassen. Eine davon möchte ich hier zitieren, sie gehört zu meinen Lieblingsgeschichten:

Ein Wanderzirkus war in einer Stadt angekommen, in der man noch nie einen Elefanten gesehen hatte. (Das muß vor der Erfindung des Fernsehens gewesen sein.) Vier neugierige Bürger machten sich auf, um vielleicht doch einen Blick auf das Wundertier werfen zu können. Der Elefant war aber in einem fensterlosen Stall untergebracht, so blieb den vier Männern nichts anderes übrig, als sich im Dunkeln anzunähern und vorsichtig heranzutasten.

Der erste bekam den Rüssel zu fassen und meinte folglich, das Tier müsse einer Wasserpfeife oder Schlange ähneln. Der zweite erfühlte ein Ohr und schloß daraus, das Tier habe einen fächerförmigen Flügel. Der dritte berührte ein Bein und konnte das Tier nur als lebende Säule beschreiben; und der vierte schließlich legte seine Hand auf den Rücken des Elefanten und war überzeugt, eine Art beweglichen Thron vor sich zu haben. Keiner der Männer konnte sich ein vollständiges Bild machen, jeder konnte seine Eindrücke nur mit den ihm geläufigen Begriffen erklären. Das Ergebnis der Expedition war Verwirrung, denn es war ihnen unmöglich, ihre verschiedenen Erfahrungen zu einem ganzen Bild zusammenzufügen, und daher konnten sie ihren Mitbürgern auch nicht vermitteln, was für ein Wesen sie in dem Stall vorgefunden hatten.

Muhammad Al-Ghasali, ein Sufi-Gelehrter aus dem 11. Jahrhundert, meint, jeder Mensch sei fähig, auf vier verschiedenen Ebenen zu existieren. Normalerweise wisse er nur nicht genug, um sie unterscheiden zu können:
Auf der ersten Ebene sei der Mensch wie eine Motte, er hat Sehvermögen, aber keine Erinnerung und wird sich daher immer wieder an der gleichen Flamme versengen.
Auf der zweiten sei er wie ein Hund. Hat man ihn einmal geschlagen, so wird er beim Anblick eines Stockes davonlaufen.
Auf der dritten ähnele er einem Pferd oder einem Schaf. Beide fliehen sofort, wenn sie einen ihrer natürlichen Feinde, einen Löwen oder einen Wolf zum Beispiel, sehen. Sie ergreifen aber nicht die Flucht vor einem

Kamel oder einem Büffel, obwohl diese viel größer sind als ihre natürlichen Feinde, weil sie spüren, daß ihnen diese Tiere nicht gefährlich werden können.
Auf der vierten endlich werde der Mensch fähig, diese animalischen Begrenzungen zu transzendieren und wirklich zum Menschen zu werden. Nun sei er in der Lage, mit einer gewissen Voraussicht zu handeln. Die meisten Menschen verharren bedauerlicherweise auf einer der ersten beiden Ebenen, sagt Al-Ghasali. Er ist also der Auffassung, daß die vier Ebenen in seinem Beispiel hierarchisch gestaffelt sind, demzufolge sich der Mensch erst zum wahren Menschsein hinaufarbeiten muß.

Aus Hawai'i stammt ein Modell für die unterschiedlichen Erklärungsversuche unseres Universums, in dem sich alle kulturspezifisch unterschiedlichen Denkweisen unterbringen lassen. Es basiert auf der Vorstellung, daß Wirklichkeit etwas ist, was sich je nach Blickwinkel verschieden darstellt, wobei es keine Hierarchie der vier Zugänge gibt. Sie sind einfach nur verschiedene Möglichkeiten der Betrachtung, beliebig einsetzbar, dem Betrachter oder der Situation entsprechend.

Wenn Sie sich ein – zugegebenermaßen simplifiziertes – Bild zur Erläuterung dieser Auffassung machen wollen, stellen Sie sich vor, Sie befinden sich in einem kleinen Haus. Der Raum hat vier Wände und auf jeder Seite ein Fenster. Wenn Sie nun beim ersten Fenster hinausschauen, sehen Sie einen Wald, beim zweiten eine Wiese und eine Straße, beim dritten eine Stadt und beim vierten einen Fluß. Obwohl sich die das Haus umgebende Landschaft, aus den jeweiligen Fenstern betrachtet, ganz unterschiedlich darstellt, ist Ihnen dennoch bewußt, daß Sie nur unterschiedliche Ausschnitte eines Ganzen, eben der Landschaft, wahrnehmen. Und Sie können sich jederzeit den Ausschnitt aussuchen, der Ihnen gerade am besten gefällt oder entspricht.

Es könnte ja sein, daß zu einer bestimmten Tageszeit das Sonnenlicht vom Wasser zu stark reflektiert wird und Sie blendet, daß Sie daher den beruhigenden Anblick des Waldes vorziehen. Oder es ist Nacht und Sie finden die Aussicht auf die beleuchtete Stadt in der Dunkelheit gerade besonders zauberhaft. Wie auch immer, es sind Ihre Fenster, und es steht Ihnen jederzeit frei, dasjenige zu benützen, das Ihnen im Moment den besten Eindruck vermittelt. Alle vier stehen Ihnen immer zur Verfügung, und es hängt nur von Ihnen ab, ob Sie sich weiterhin über die Unzulänglichkeit eines bestimmten Ausblicks ärgern oder sich einfach für einen anderen entscheiden, der Ihnen das anbieten kann, was Sie suchen.

So besteht auch der beste Umgang mit diesen Denkmodellen darin, sich nicht auf eine dieser Sichtweisen festzulegen, sondern die jeweils passende zu wählen, diejenige, die im Moment am besten geeignet scheint, anstehende Probleme zu lösen. Sogar ein Pendeln zwischen den vier Ebenen der Realitätswahrnehmung kann notwendig sein, um entweder der Komplexität eines Themas gerecht zu werden oder einen Gesprächspartner auf der Ebene abzuholen, die ihm vertraut ist, und ihn nicht zu überfordern.

Wobei ich mit dem Begriff „Ebene der Realitätswahrnehmung" etwas unzureichend das hawaiianische Wort „Ike" übersetze, das sehr viele Bedeutungen hat. Es kann Wissen, Erkenntnis, Vision, Aufmerksamkeit, Sichtweise, Erklärung, Darstellung, aber auch Gefühl, Sexualaufklärung oder Begrüßung heißen. Ich bleibe bei dem – mathematisch nicht korrekten – obigen Begriff, weil mir die Vorstellung, wie in einer Landschaft von einer Ebene zur anderen zu wandern und immer neue Blickpunkte zu wählen, sinnlich faßbar erscheint.

Es handelt sich also um vier Möglichkeiten der Annäherung an Realität, vier Betrachtungsweisen, jede für sich mit Vor- und Nachteilen und mit Beschränkungen ausgestattet.

Die Erste Ebene:
ALLES IST VON ALLEM GETRENNT. ALLES IST BEGRENZT.
Das ist die Bewußtseinsstufe, auf der sich die meisten Menschen in unserer westlichen, hochtechnisierten Zivilisation befinden. Das ist auch die Ebene, auf der diese technische Entwicklung überhaupt erst möglich geworden ist.

Die Glaubenssätze, die dieser Ebene entsprechen, lauten:
Alles hat einen Anfang und ein Ende. Alles, was ist, ist auch quantifizierbar, hat Maße, Gewicht, Größe, Dauer usw. Ich bin begrenzt und von allem getrennt.

Diese Auffassung hat zu vielen nützlichen, intelligenten Erfindungen geführt: Unsere ganze technologische Entwicklung beruht auf dieser Annahme. Menschen haben in allen Bereichen der Wissenschaft Bestehendes analysiert, zerlegt und dann die Bestandteile in höchst kreativer Weise neu kombiniert. Das gilt natürlich ganz besonders für die Naturwissenschaft, für Chemie und Physik. Wir verfügen heute über eine Vielzahl neuer Materialien mit früher unbekannten Eigenschaften und über technische Geräte, die unser alltägliches Leben erleichtern, aber auch gestalten.

Die Problematik taucht dann auf, wenn wir uns von den beeindruckenden Ergebnissen unserer Naturwissenschaft dazu verleiten lassen, diese Betrachtungsweise für die einzig mögliche und richtige zu halten, und versuchen, sie auch auf Aspekte unseres Daseins anzuwenden, für die sie nicht geeignet ist. Sie ist, wie gesagt, nur eine von vier, und es gibt durchaus auch Bereiche, wo sie unangebracht ist und sehr unangenehme Folgen nach sich zieht.

So ist es sicher nicht zielführend, ein menschliches Wesen auf seine quantifizierbaren Größen zu reduzieren, es nur als Produkt seines genetischen Codes oder seiner Ernährung zu sehen. Auch Gedanken und Gefühle haben sehr viel mit der Befindlichkeit eines Menschen und auch seinem Einfluß auf andere zu tun, gehören also untrennbar zum Menschsein dazu.

Was ich damit sagen will, ist, daß es nur um die situationsadäquate Anwendung gewisser Prämissen geht, und nicht um die einseitige Bevorzugung einer bestimmten Prämisse. Es handelt sich um ein Sowohl-Als auch ganz ohne Ideologie, um die Freiheit, aus der Fülle der Möglichkeiten im Kosmos die gerade passende auszuwählen. Um nicht mehr und nicht weniger!

Die Annahme, daß alles begrenzt und voneinander getrennt ist, hat sehr umfassende Konsequenzen. Dann existiert unser Universum seit dem Urknall vor zirka 15 Milliarden Jahren, und es gibt keine Antwort auf die Frage, was denn davor gewesen sein könnte. Dann gibt es nicht nur kein Leben vor dem Leben, sondern auch kein Leben nach dem Tod. Dann beginnt menschliches Leben mit der Zeugung oder der Geburt und endet mit dem Tod.

Aber auch auf die Spanne dazwischen wirkt sie sich aus: Wenn alles getrennt ist, sind auch wir Menschen voneinander getrennt. Das heißt, sobald ich nicht räumlich und körperlich mit einer Person zusammen bin, muß ich mit der Angst fertig werden, daß diese Person nichts mehr mit mir zu tun hat, sich möglicherweise nicht so verhält, wie es mir lieb wäre. Ich bin ja nur im Leben des anderen vorhanden, solange er in meiner Nähe ist. Aus den Augen, aus dem Sinn.

Die Folgen sind sowohl emotionelle Zustände, die quälend werden können, wie Eifersucht, Verlassenheitsängste, Mißtrauen und Einsamkeit, als auch der Versuch, sich mit Hilfe von Eheverträgen und Vereinbarungen vor dem gefürchteten Getrenntsein zu schützen. Sicher kann sich jemand, der in seinem Denken nur die Glaubenssätze der Ersten Ebene gelten läßt, nur dann fühlen, wenn er in gesellschaftlich anerkannter Form irgendwo dazu gehört. Wenn er Mitglied eines Vereins oder einer Partei ist, wenn er sich auf Gedeih und Verderb mit einer Gruppierung verbündet. Dann ist der einzelne nicht mehr ganz so allein, er ist Teil einer Gruppe, die aber ihrerseits von allen anderen getrennt ist. (Hier findet im übrigen eine Vermischung der Betrachtungsweisen statt: Die Identifikation mit einer Gruppe gehört schon zur Vierten Ebene, wie Sie ab Seite 45 lesen werden.) Die Sicherheit, die sich daraus ableiten läßt, ist aber eine trügerische, wie wir wissen, wie auch Sie sicher schon erfahren haben. Beziehungen und Freundschaften können zerbrechen, auch Parteifreunde können sich durchaus auseinander entwickeln.

Dennoch ist dieses Kontrollbedürfnis in der Denkweise der Ersten Ebene immer vorhanden, weil eben alles, was sich der Kontrolle entzieht, Angst auslöst. Auch im gewöhnlichen Umgang mit der Materie drückt sich das aus: Hier äußert es sich im Horten von Dingen und in der beständigen Panik, man könnte bestohlen werden. Alles, was man gerade nicht in der Hand oder zumindest im Blickfeld hat, könnte schon abhanden gekommen sein. Das kann zu ganz irrationalen, zwanghaften Verhaltensweisen führen, die einen Menschen in seinem alltäglichen Leben schwer beeinträchtigen können, zum Beispiel dazu, daß versperrte Türen oder Sparkonten immer wieder überprüft werden müssen. Und auch da gilt, daß die Absicherungsmöglichkeiten der Ersten Ebene nicht alle Bedürfnisse vollständig abdecken können. Man kann sich nicht für oder gegen alle Eventualitäten versichern lassen.

Generell ist die Auffassung der Ersten Ebene, daß die psychische Befindlichkeit daher rührt, daß jeder eben eine bestimmte Geschichte und bestimmte Erfahrungen gemacht hat, eine sehr beschränkende. Wenn ich mich wirklich nur als Produkt von genetischem Code und Erziehung, als Opfer gewisser gesellschaftlicher Umstände sehen müßte, hätte ich zwar einerseits den Vorteil, nicht zu meiner Verantwortung stehen zu müssen, aber andererseits den gravierenden Nachteil in Kauf zu nehmen, daß sich an dieser meiner Befindlichkeit wenig verändern läßt. Dann bleibe ich entweder ewig dankbar oder gekränkt, so oder so ein abhängiges Kind, und habe keine Möglichkeit, diesen Mustern und Zwängen zu entrinnen. Dann gibt es für mich nur wenig Spielraum zur Gestaltung des eigenen Lebens.

Im übrigen weiß man heute, daß unser genetischer Code sieben- bis zehnmal soviele Informationen enthält, wie wir in unserem Körper ausdrücken, das heißt, wir benützen nur 10 - 15% der angebotenen Möglichkeiten, wählen also bewußt oder unbewußt unseren Denkmustern entsprechend aus. Das erklärt, warum sich in der Zwillingsforschung immer wieder Fälle gefunden haben, wo sich selbst eineiige Zwillinge nicht mehr zum Verwechseln ähnlich gesehen und ein fast identes Schicksal erlebt haben. Nämlich dann, wenn sie früh getrennt worden und in einer ganz unterschiedlichen sozialen Umgebung aufgewachsen sind.

Im Umgang mit Krankheiten ist der ausschließliche Zugang der Ersten Ebene auch nur begrenzt hilfreich. Da beschränkt sich unser Einfluß höchstens auf ein paar mehr oder weniger gesundheitsfördernde Verhaltensweisen, auf ausreichende Bewegung und Ernährung oder ähnliches. Eine Infektion müßte ich dann aber als etwas sehen, was aus unerfindlichen Gründen über mich hereingebrochen ist, als das Produkt feindlicher Viren und Bakterien, und mir bleibt nur die Möglichkeit, durch Hinzufügen neuer Faktoren, sprich Medikamente und chirurgische Eingriffe, etwas am Gesamtbild zu verändern. Die Krankheit bleibt somit etwas, das von außen als Schicksalsschlag auf mich zugekommen ist und irgendetwas Unangenehmes mit mir macht, das sich aber meiner persönlichen Einflußnahme weitgehend entzieht. Und was nie und nimmer ursächlich mit meinen Denkmustern zusammenhängt. Auch daraus resultiert ein Gefühl der Ohnmacht, das sich spätestens dann einstellt, wenn Medikamente nicht wirken und ein bestimmter Arzt nicht mehr helfen kann.

Alles, was von uns getrennt ist, kann also auch gefährlich sein. Das Verhalten anderer Menschen, Angehöriger anderer Nationen etwa ebenso wie die Kräfte der Natur, der Partner ebenso wie Umwelteinflüsse. Aus der Angst davor leitet sich dann die Wut gegen alle ab, die potentielle Übeltäter sind, die untreu, verantwortungslos oder betrü-

gerisch sind oder sein könnten und den mühsam erworbenen Seelenfrieden stören. Und die Wut, in die sich jemand seinen Glaubensmustern folgend lange genug hineingesteigert hat, führt zu feindseligen Handlungen, die von üblen Unterstellungen bis zur Anwendung von Gewalt reichen können. Äußerungen von Ausländerfeindlichkeit sind ein typisches Resultat von Erste-Ebene-Denken.

Auch wenn es jemand nicht soweit kommen läßt, führt doch die ständige Angst vor Trennung und Verlust zu Anspannung und Streß. Streß bewirkt, daß der Fluß der Energie eingeschränkt wird, physiologisch ausgedrückt bewirkt die ständige Anspannung der Muskulatur, die bestimmte Organe und Nerven umgibt, daß diese nicht mehr voll leistungsfähig sind. Die Folge ist unter anderem, daß dadurch sogar Erinnerung blockiert wird. Nicht einmal das, was wir bereits wissen und oft angewendet haben, ist uns dann noch zugänglich, geschweige denn, haben wir Zugang zur Kreativität. Unser Spektrum an Möglichkeiten, mit einer überraschenden Situation fertig zu werden, ist reduziert. Das erzeugt ein Gefühl von Hilflosigkeit und Panik, das sich erst dann auflösen kann, wenn in einer Entspannungsphase die Erinnerung an Gelerntes und Erfahrenes und die Fähigkeit zum kreativen Umgang damit wieder zugänglich wird.

Menschen, die sich auf der Ersten Ebene am wohlsten fühlen, neigen besonders dazu, jeden anderen Standpunkt abzulehnen, alles, was nicht in ihr Denkschema paßt, als Nonsens abzuwerten. Wenn wir uns aber dessen bewußt bleiben, daß es hier nicht darum geht, die einzig richtige Sicht der Welt herauszufinden, daß jeder jederzeit die Freiheit hat, sich die ihm gemäße anzueignen, können wir durchaus

auch die Vorteile dieser Ebene wahrnehmen. Dann kann es uns Vergnügen machen, Dinge zu kombinieren, sie wieder voneinander zu lösen und neu zu verbinden und dabei unsere Kreativität zu entfalten. Dann können wir uns wie Daniel Düsentrieb fühlen.

Eine schamanische Übung, die dazu dient, die Faszination der Vielfalt durch Analysieren zu erkunden, geht so:

Schauen Sie sich in dem Raum, in dem Sie gerade sind, um. Nehmen Sie alles in seiner Unterschiedlichkeit wahr, Farben (Was ist rot, blau, gelb etc.?), Materialien (Was besteht aus Holz, Metall, Kunststoff, Seide, Wolle …?), Formen (Was ist eckig, rund, gewölbt, glatt, rauh …?), Linien (Wo sehe ich gerade Linien, gekrümmte, lange, kurze …?), Körper (Gibt es kugelförmige Dinge im Raum, Quader, Prismen, Zylinder …?), Möbel (Wie und aus was für Teilen und Materialien sind sie gemacht, wie fühlen sie sich an, wozu dienen sie, was sind ihre stilistischen Charakteristika …?), Pflanzen (Wie sehen sie aus, aus welchen Klimazonen könnten sie stammen, haben sie Blüten oder nicht, welche Form haben die Blätter …?) und Personen (Wie alt könnte jemand sein, wie ist er frisiert und gekleidet, was macht ihn so unverwechselbar …?). Überlegen Sie sich, woraus Dinge zusammengesetzt sind. Und freuen Sie sich an der Fülle Ihrer Wahrnehmungen!

Wenn Sie noch einen Schritt weiter gehen wollen, setzen Sie die einzeln wahrgenommenen Elemente Ihrer Umgebung neu und ungewohnt wieder zusammen. Kombinieren Sie Farben und Formen anders, als Sie sie vorgefunden haben, und trainieren Sie spielerisch Ihre Kreativität!

Die Zweite Ebene:
ALLES IST MIT ALLEM VERBUNDEN UND BEWEGT SICH IN ZYKLEN. Daher auch: Ich bin mit allem verbunden und bewege mich in Zyklen.

Das ist die Ebene, auf der wir alles für miteinander vernetzt halten und uns selbst auch als einen Knotenpunkt in diesem Netzwerk wahrnehmen. In uns fremden Kulturen ist diese Sichtweise viel stärker als in unserer verankert. Da definieren sich Menschen oft mehr als Mitglieder einer bestimmten Familie oder Sippe als als einzelne Individuen, viel mehr dem Wohl der Familie verpflichtet als der Erkundung der eigenen Grenzen und Möglichkeiten. Von nativen Stammeskulturen wissen wir, daß es dort diesen Widerspruch zwischen Ich und Wir gar nicht gibt. Der Stamm ist ein Organismus, und die einzelnen Personen sind wie Organe oder Zellen darin, die miteinander vielfältig verbunden sind und nur gemeinsam ein Ganzes bilden.

Hans Peter Dürr, ein Schweizer Physiker, hat einmal auch den Artenreichtum in der Natur als Ganzes, nämlich als ein Gedicht beschrieben. Er meinte, natürlich könne man auch ein Gedicht als eine Ansammlung von Buchstaben betrachten. Dann falle es nicht ins Gewicht, wenn ein paar aus der Vielzahl abhanden kämen. Sicher blieben immer noch viele Buchstaben vorhanden, nur Gedicht sei der Rest halt keines mehr. Wenn ich den Gedanken aus magischer Sicht weiterspinne, würde ich meinen, daß es durchaus zum Lauf der Welt gehört, daß manche Buchstaben verschwinden, daß aber alles im Kosmos nach Balance strebt und daher auch wieder neue Buchstaben auftauchen müssen, um ein neues Gedicht zu bilden. Leben findet in der Veränderung statt.

Wenn alles miteinander verbunden ist, macht es keinen Sinn, etwas als minderwertig zu beurteilen und zu bekämpfen. Da führt die Ausrottung von sogenannten Schädlingen (eine Klassifizierung der Ersten Ebene) unweigerlich auch zum Aussterben von Nützlingen. Welche Knoten dem Netz auch immer abhanden kommen, es wird beschädigt und kann die Kräfte, die in ihm wirken, nicht mehr gleichmäßig ableiten. Neue Knoten müssen die Lücken ergänzen. Auch eine Kette ist nur so stark wie ihr schwächstes Glied.

Dennoch betrachten wir auch auf dieser Ebene noch manches als getrennt von uns. Wir fühlen uns von außen beeinflußt, von den Gedanken anderer Menschen ebenso wie von Klima und Wetter. Und wir beeinflussen unsererseits unsere Umgebung. Wir sind zwar vernetzt, aber diesen anderen Knotenpunkten und ihrer Wirkung auch ein bißchen ausgeliefert. Schutzübungen, wie ich sie im ersten Buch erklärt habe, entsprechen der Betrachtungsweise dieser Ebene.

Auch die Lehre von der Reinkarnation, die in den meisten östlichen Religionen verankert ist und das auch im Christentum bis zum Konzil von Nicäa war, gehört zu den Konzepten der Zweiten Ebene. Demgemäß bewegen sich alle Lebewesen im „Rad der Wiederkehr" und bleiben mit allem, was sie in verschiedenen Zyklen ihres Daseins erlebt und getan haben, verbunden. Der Begriff „Karma" heißt eigentlich so viel wie „actio-reactio" und drückt genau diese Abfolge von untereinander vernetzten Leben aus. Alle früheren Leben haben somit Einfluß auf das gegenwärtige, und alles, was zum Ausgleich dieses in das jetzige Leben mitgebrachten Karmas dient, wirkt heilend auf die vergangenen Lebenszyklen zurück.

Déjà-vu-Erlebnisse, also das Gefühl, eine bestimmte Situation schon einmal erlebt, bestimmte Orte schon einmal gesehen zu haben, gehören zur Auffassung, daß Leben eine Abfolge von Zyklen ist, daß sich wie in einer Spirale manchmal zwei Schleifen kurz berühren und ein Informationsfluß dazwischen stattfindet. Man hat eben einen kurzen Blick auf einen Punkt dieser zyklischen Entwicklung werfen können, den man schon längst hinter sich gelassen oder noch einige Zeit vor sich liegen hat. Auch darin drückt sich wieder aus, daß es bei aller Verbundenheit auch eine gewisse Getrenntheit in der Auffassung der Zweiten Ebene gibt. Man ist zwar von den früheren oder zukünftigen Leben beeinflußt, befindet sich aber definitiv in einem bestimmten, jetzigen.

Wenn man diesen Zugang zur Realität wählt, steht einem die Telepathie zur Verfügung, Alle unsere inneren Sinne, die Sinne des Magiers, Hellsehen und Inneres Sehen, Hellhören und Inneres Hören und auch das Hellfühlen, funktionieren auf dieser Ebene des Bewußtseins. (Genaueres darüber steht im Kapitel „Wahrnehmen und Visualisieren“ in meinem ersten Buch „Magie ist keine Hexerei“.)

Wenn wir alle miteinander verbunden sind, ist es eben durchaus möglich, die Gedanken und Gefühle anderer Menschen wahrzunehmen, ja, es läßt sich auch der gesundheitliche Zustand einer nicht anwesenden Person exakt diagnostizieren. Und das gilt für jede Situation, unabhängig von der räumlichen Distanz. Dann kann ich ohne weiteres auf das ständige Kontrollieren verzichten, obwohl ich mich nicht in der unmittelbaren Nähe eines geliebten Partners befinde, ich fühle mich ganz selbstverständlich verbunden und ihm nahe, auch über Tausende von Kilometern.

Das erspart eine ganze Menge Angst und Sorge, solange in der Beziehung alles in Ordnung ist, hat aber den Nachteil, daß man auch die Dinge mitkriegt, die sich auf der Ersten Ebene verheimlichen lassen. Mir ist einmal etwas widerfahren, was dieses Risiko veranschaulichen kann: Ich wachte einmal um drei Uhr nachts auf mit dem sicheren Gefühl: Da stimmt etwas nicht! Und zwar in bezug auf meinen damaligen Freund und Gefährten. Also rief ich ihn an und fragte nur: „Bist du allein?“ Am anderen Ende der Leitung verschlug es daraufhin jemandem offensichtlich die Rede. Naja, es ist eben nicht immer ganz unproblematisch, die Kanäle offen und durchlässig zu haben. Alles hat auch seine Tücken, kein Vorteil ist ganz ohne Nachteil.

Davon, daß ich mich auf telepathische Weise mit meinem Sohn verständigte und mich über sein Befinden informierte, während er eine dreiwöchige Trekkingtour im Himalaya mitmachte, habe ich im ersten Buch schon erzählt. Das ist nur eine der vielen praktischen Anwendungsmöglichkeiten, die uns dieses „Fenster“ anbietet. Und in einer Situation wie der beschriebenen ist es wahrscheinlich die einzig praktikable.

Stellen Sie sich nur einmal vor, wie mühsam und aufreibend jede Art der Nachrichtenübermittlung auf der Ersten Ebene geworden wäre: Der Handy-Betrieb in dieser Gegend ist noch nicht aufgenommen, und jede andere Art von Funkkontakt ist aufwendig und störungsanfällig. Dazu noch die Zeitverschiebung – das ganze Unterfangen hätte für mich Streß pur bedeutet! Aber auf der Zweiten Ebene bedurfte es nur einer gemütlichen, ruhigen Viertelstunde der Konzentration eines Pendels quasi als „Antenne“ und – nicht zu vergessen! – des Vertrauens in diese Methode. Unvergleichlich effektiver!

Das würde ich Ihnen gerne ganz allgemein immer wieder ans Herz legen: Wählen Sie den Blickwinkel oder Zugang zu einem Thema, der Effektivität verspricht, egal zu welcher Ebene er gehört, es gibt keine Wertung, kein Besser-Schlechter dabei! Da ja auch die Ebenen selbst keine voneinander getrennten Bereiche, sondern eben nur verschiedene Betrachtungsweisen sind, bewirkt alles, was Sie an Lösungen auf der einen Ebene kreieren, auch Veränderungen auf allen anderen. Probleme stellen sich aus meiner Sicht immer nur dann ein, wenn jemand seine Möglichkeiten der Wahrnehmung beschränkt, indem er sich auf eine einzige Sichtweise als die einzig richtige und mögliche kapriziert und alles, was sich ihm aus dieser nicht erschließt, ignoriert oder ablehnt.

Auf der Zweiten Ebene können Sie sich ganz allgemein mit anderen Wesen verbinden: mit Menschen, gleichgültig ob Sie sie schon persönlich kennengelernt haben oder nicht. Damit meine ich, daß Sie auf dieser Ebene auch Kontakt haben können zu bereits Verstorbenen, zum Baby im Mutterleib oder zum Traummann/zur Traumfrau. Sobald Sie sich auf eine nichtmaterielle Kommunikation eingelassen haben, steht Ihnen frei, sich bei Ihrer längst verblichenen, weisen Urgroßmutter Rat zu holen, sich mit Ihrem Kind schon pränatal zu unterhalten oder sich in dem tröstlichen Wissen, daß es da draußen irgendwo den ersehnten Partner gibt, in Geduld zu fassen. Ja, Sie können letzterem schon erzählen, wohin Sie Ihre nächste Reise führen wird, wie schön es in dem Land Ihrer Sehnsucht ist und wie sehr Sie sich darauf freuen, ihm dort leibhaftig zum ersten Mal zu begegnen. Sofern Sie nicht die Unvorsichtigkeit begehen, sich auf einen bestimmten Menschen festzulegen, was bekanntlich ein niemandem zustehender Eingriff in das Leben eines anderen ist, vervielfachen Sie damit Ihre Chancen, Ihren Wunsch in Erfüllung gehen zu lassen.

Wenn Sie sich ganz selbstverständlich mit Menschen mit ähnlichen Lebensthemen, mit den Vertretern fremder, faszinierender Kulturen, mit der ganzen bunt gemischten Menschheit verbunden fühlen, hat das zur Folge – weil ja die Außenwelt immer ein Spiegelbild der Innenwelt ist –, daß Sie auch in der Realität, wie Sie sie auf der Ersten Ebene wahrnehmen, interessante Bekanntschaften machen, sich Gruppen mit ähnlichen Zielen anschließen können und in den fernsten Winkeln des Planeten Freunde finden.

Andererseits ist man auf dieser Ebene auch mit nichtmenschlichen Wesenheiten vernetzt, Sie können sich mit Tieren, Bäumen und Naturgeistern verständigen. Da man ja sowieso und selbstverständlich in Kontakt steht, ist der Schritt zum direkten Dialog nicht mehr weit. Sie würden staunen, was Ihnen Ihre Katze zu berichten weiß, wieviel neue Kraft und Ruhe Ihnen ein Baum gibt, wie einfach Sie das für Sie passende Heilmittel finden und wie spannend ein Spaziergang im Wald wird, wenn man von Elfen und Kobolden begleitet wird. Sie können sich durchaus wieder wie ein Kind fühlen, dem Naturgeister vertraute Gefährten sind. Wenn Sie das wollen.

Auch bei bedeutenderen Anliegen stehen Ihnen dann freundliche Wesen zur Seite, wie zum Beispiel die Elementalen. Daß der Geist der Luft das Flugzeug, in dem Sie sitzen, sicher über den Ozean trägt, steht nicht im Widerspruch zu unserem Wissen um die Aerodynamik. Sie haben die Wahl, die Ihnen gemäße Betrachtungsweise zu wählen. Aus magischer Sicht macht es durchaus Sinn, Energieformen zu personifizieren. Dadurch wird es möglich, sich mit ihnen zu verbünden, sie um Unterstützung zu bitten und mit ihnen zusammenzuarbeiten. Auf Hi'iaka, die hawaiianische

Göttin des Windes, habe ich als Schamanin mehr Einfluß, da ich mit ihr befreundet bin, als auf die Konstruktion des Flugzeugs. Allerdings könnte ich mich auf der Zweiten Ebene auch mit dem Wartungspersonal am Flughafen und dem Piloten verbünden. Ganz egal, welche Art der Betrachtung dazu beiträgt, daß Sie sich in Ihrem Leben wohl fühlen und mit anfallenden Problemen fertig werden, sie steht Ihnen offen.

Aber wundern Sie sich nicht, wenn Ihre Berichte von Erfahrungen mit der Zweiten Ebene nicht von allen Mitmenschen verstanden werden! Wer sich ausschließlich auf der Ersten bewegt und nur diese kennt, kann sich unter solchen Schilderungen nichts vorstellen, tut sie als Hirngespinste ab.

So kann es auch nicht funktionieren, die Phänomene, die der Zweiten Ebene entsprechen, wie eben Telepathie und Außersinnliche Wahrnehmung, mit den Mitteln der Ersten erklären zu wollen. Das kann ebensowenig gehen, wie auf der Ersten Ebene aus Zwetschken ein Apfelkompott kochen oder mit einem gewöhnlichen Fahrrad fliegen zu wollen. Und doch sind Zwetschken köstliche Früchte, und ein Fahrrad ist ein nützlicher Gebrauchsgegenstand, auch wenn beide absolut ungeeignet für den genannten Zweck sind. Warum sogar so kluge Leute wie Rupert Sheldrake, der die Morphogenetischen Felder beschrieben hat, versuchen, mit ihren Forschungsergebnissen aus der Zweiten Ebene unbedingt auch die Kriterien der Ersten zu erfüllen, bleibt mir unbegreiflich. Dahinter steht für meine Begriffe noch immer das etwas altmodische Weltbild, das die Fähigkeiten der logisch-analytischen linken Gehirnhälfte höher bewertet als alle anderen Formen der Wahrnehmung und den Erfahrungen der intuitiven rechten Hemisphäre ganz heimlich doch mißtraut. Solange man keine Meßergebnisse hat, weiß man eben nie ganz genau, was wieviel wert ist.

Zur Feststellung, daß die Methoden der Ersten Ebene durchaus ihre Grenzen haben, gibt es historisch ein paar unterhaltsame Kuriosa, von denen ich eines gern berichten will: Um 1900 fand in der französischen Akademie der Wissenschaften eine Abstimmung darüber statt, was es mit den Steinen, die wir heute Meteoriten nennen, und mit ihrer Herkunft wohl auf sich habe. Die angesehenen Akademiemitglieder entschieden, daß diese Körper irdischen Ursprungs sein müßten, da Steine nicht vom Himmel fallen können. Basta! Mit anderen Worten gesagt, die würdigen Herren waren so in ihrem Weltbild gefangen, daß es nichts geben durfte, was dieses in Frage gestellt hätte.

Wissenschaftler führen ununterbrochen derzeit noch unumstößlichen „Wahrheiten“ ad absurdum, wäre dem nicht so, gäbe es keinen Fortschritt. Was vor hundert Jahren noch nicht vorstellbar war, gehört heute schon zur Schulbildung.

Hier eine Übung, die es Ihnen ermöglicht, Ihr eigenes, (noch) nicht quantifizierbares Energiefeld zu spüren:

Halten Sie Ihre Hände mit den Handflächen gegeneinander gerichtet, ungefähr im Abstand von 5 cm. Bewegen Sie sie ein bißchen aufeinander zu und voneinander weg und fühlen Sie die Energie dazwischen wie einen unsichtbaren Polster. Dann beginnen Sie zu summen und beobachten Sie, wie dadurch Ihre Energie zunimmt, wie sich der „Polster“ zwischen Ihren Handflächen praller füllt.

Dann wiederholen Sie den Ablauf mit einem größeren Abstand zwischen Ihren Händen, etwa 10 cm. Wenn Sie Lust dazu haben, können Sie auch noch mit anderen Distanzen experimentieren.

Die Dritte Ebene:
ALLES IST EIN TRAUM, ALLES TRÄUMT.
Alles ist Illusion und daher nicht wichtig. Oder: Alles ist Illusion und gerade deshalb wichtig, da es ja nichts anderes gibt als Illusion. Ich träume und bin selbst Element eines Traumes.

Jeder träumt seinen eigenen Traum, aber wir teilen miteinander den Traum der physischen Existenz. Was auch immer uns begegnet, ist ein Bestandteil unseres Traumes, eine Reflexion von uns selbst und daher als solche von uns, bewußt oder unbewußt, gestaltet und veränderbar. Alles ist ein Symbol und steht für etwas anderes.

Das ist die Ebene, die am allerbesten der schamanischen Denkweise entspricht. Die meisten Menschen in nativen Kulturen benützen sie als Zugang zur und als Erklärungsmodell für die Welt. Daher ist es für Wissenschaftler aus unseren Breiten, die sich der Auffassung, alles sei voneinander getrennt, verpflichtet fühlen, so schwer nachzuvollziehen. So geschieht es, daß Ethnologen glauben, eine fremde Kultur zu erfassen, wenn sie in Feldforschungen vor Ort möglichst genaue Aufzeichnungen von allem machen, was sich in der alltäglichen Wirklichkeit beobachten läßt. Und sich dementsprechend nur mit den quantifizierbaren Faktoren beschäftigen, mit dem, was unsere äußeren Sinne wahrnehmen können.

Felicitas Goodman, die ungarisch-amerikanische Anthropologin, berichtete einmal, daß einer ihrer Schüler und Mitarbeiter in Indonesien dem oftmals beschriebenen Ritual des Schweinetanzes beigewohnt hatte. Im Gegensatz zu allen bisherigen wissenschaftlichen Darstellungen hatte er sich nicht nur für den Tanz an sich interessiert, sondern auch für das ganze Drumherum, das Vorher und Nachher, und dabei bemerkt, daß der Tänzer des Schweins eine ganze Stunde vor Beginn in der Trancehaltung der Metamorphose verharrte. Erst danach tanzte er das „Schwein", er inkorporierte also eigentlich den Schweinegeist. Er wurde selbst zum mythologischen Schwein.

Dieser Anthropologiestudent hatte bereits gelernt, die Wahrnehmungsform der Dritten Ebene zu benützen, hatte selbst Erfahrungen mit der schamanischen Trance. Nur so hatte er bemerken können, daß nicht der Tanz an sich als Imitation eines tierischen Verhaltens das wichtige Ereignis schlechthin ist, sondern die Vorbereitung, die Phase der Verwandlung in den Tiergeist, entscheidend den ganzen weiteren Ablauf des Rituals prägt, obwohl sich dabei von außen betrachtet so gut wie nichts tut. Er pendelte zwischen den Ebenen der Realitätswahrnehmung und sah den Tänzer als tatsächlich verwandeltes Wesen und nicht nur als Imitator schweinischer Bewegungsabläufe.

Für mich ist diese Dritte Ebene diejenige, auf der ich mich als Magierin am liebsten aufhalte. Sie ist die Ebene, auf der die meiste magische Arbeit stattfindet, die Ebene der Ermächtigung, der kreativen Visualisierung und der personifizierten Kräfte. In dieser Sichtweise können wir mit materiellen und immateriellen Symbolen arbeiten und selbst bestimmen, was für was steht. Dafür muß es keine logische Begründung mehr geben, die Zuordnung muß nur für unser eigenes Empfinden stimmen. Das ist der Bereich der Analogien, der Entsprechungen, für den es zwar kulturspezifisch gewisse Regeln gibt, den aber sehr wohl jeder für sich selbst neu definieren kann. Auch hier gilt natürlich, daß es ganz empfehlenswert sein kann, sich mit den Erfahrungen und der

Symbolik magischer Traditionen zu befassen, aber daß uns nichts und niemand daran hindern kann, die Welt neu zu erfinden.

Sie alle haben in bestimmten Bereichen schon Erfahrungen mit der Dritten Ebene gesammelt: mit der Musik zum Beispiel. Musik kann uns berühren, in uns Gefühle und Vorstellungen auslösen, die sich oft nur unzureichend in Worte kleiden lassen. Auch in der Begegnung mit anderen Kunstformen sind Ihnen vielleicht schon Assoziationen eingefallen, die nicht logisch zuordenbar waren.

Genauso ergeht es uns mit dem, was wir landläufig unter Traum verstehen, mit dem innerpsychischen Erleben während des Schlafes. Sehr oft läßt sich das Traumgeschehen nur schwer verbal ausdrücken, und das Verstehen ist oft nur intuitiv möglich. Und doch werden Träume seit Menschengedenken für bedeutsam und ihre Interpretation für eine Hohe Kunst gehalten. In allen alten Kulturen gibt und gab es Traumdeuter, wir kennen die prophetischen Träume aus der Bibel, zum Beispiel die von Joseph in Ägypten, und Traumbücher aus vielen Zeiten und Ländern.

Die Aborigines in Australien sind bis heute der Meinung, daß alles wirklich Wichtige in der „Traumzeit" geschehen ist und noch geschieht; die Mamas, die Weisen der Kogi, eines Indiostammes mit ungebrochener jahrtausendealter Tradition im heutigen Kolumbien, arbeiten noch immer in und mit „aluna", der Traumebene, um unseren Planeten und alles Leben darauf im Gleichgewicht zu halten. In allen Gegenden der Welt gab und gibt es eigene Orte zum bewußten und luziden Träumen. Priester hatten sehr oft die Aufgabe, an diesen besonderen Plätzen im Traum die Lösung für ein Problem des Stammes zu finden.

Und es gab und gibt auch die Sitte, daß gewöhnliche Sterbliche einen Tempel oder Kraftort aufsuchen, um dort im Traum Antwort auf eine drängende Frage zu erhalten. Ich kann Ihnen diese Methode auch für den Hausgebrauch empfehlen, der Traum ist eine nahezu unerschöpfliche Quelle der Inspiration und Erkenntnis. Sicher haben Sie auch schon Hinweise aus unserer europäischen Überlieferung gehört, etwa den, daß der Traum der ersten Nacht in einem neuen Bett wahr wird. Oder daß die Träume in den zwölf Rauhnächten (25. Dezember – 6. Jänner) besondere Bedeutung für die folgenden zwölf Monate haben.

Es gibt eine ganze Reihe von Berichten von Menschen, die wesentliche Erkenntnisse in den unterschiedlichsten Wissensgebieten im Traum gefunden haben. So träumte der Chemiker F. A. Kekulé die Ringstruktur des Benzolmoleküls als Schlange, die sich in den eigenen Schwanz beißt. Der Physiologe und Pharmakologe Otto Loewi erhielt 1939 den Nobelpreis für die im Traum gemachte Entdeckung der sogenannten Neurotransmitter, chemischer Botenstoffe, die Nervenimpulse im Körper weiterleiten. Und Paul McCartney von den Beatles fand träumend die Melodie zu „Yesterday". Auch ich habe während der Vorbereitung auf eine Theaterproduktion schon von Kostümen für Schillers „Räuber" geträumt, die ich dann nur mehr aufzeichnen und als Figurinen den Kostümwerkstätten zur Ausführung übergeben mußte.

Wie wirklich die Traumebene auch für den aufgeklärten Mitteleuropäer ist, erkennen wir daran, daß unser Körper auf Informationen aus dem Traum ebenso heftig reagiert wie auf Eindrücke aus der Ersten Ebene. Jeder von uns ist wahrscheinlich schon einmal mit Herzklopfen und Schweißausbrüchen aus einem beklemmenden Traum erwacht, obwohl sich in der äußeren Realität nichts Besonderes ereignet hat. **Im Traum bewegen wir uns auf der Ebene der Symbole, und die Traumdeutung ist eine Art Übersetzung in eine verständliche, mitteilbare Sprache. Das gilt für die gesamte Sichtweise der Dritten Ebene auf das, was wir alltägliche Wirklichkeit nennen. Alles, was wir sehen und erleben, ist Teil unseres Traums und bedeutet mehr als nur das, was sich von außen auf der Ersten Ebene wahrnehmen läßt. Umgekehrt können wir auch bewußt auf die Traumebene gehen, Symbole kreieren und verändern, um damit unsere materielle Außenwelt, die Übersetzung unseres Traums, zu gestalten.**

Eine Geschichte kann diese komplizierten Zusammenhänge erläutern: Eine junge Frau war als zweijähriges Kind bei einem Autounfall schwer verwundet worden: Leberriß, Milzquetschung, Verletzung und spätere Entfernung einer Niere, Serienbrüche der Rippen und noch mehr. Wie sich ein solches Trauma auf die Entwicklung der Geschlechtsorgane auswirken würde, konnte zu diesem Zeitpunkt keiner sagen. Tatsache war, daß es zu keiner normalen Hormonproduktion kam, was sich nicht nur in der Form des Körpers, in den sekundären Geschlechtsmerkmalen, ausdrückte, sondern auch das Selbstwertgefühl beeinträchtigte. Mit 35 Jahren, inzwischen glücklich verheiratet und beruflich gut etabliert, hatte diese Frau genug von der ewigen Tabletteneinnahme. Sie lernte, sich auf die Dritte Ebene zu begeben und ein Symbol für ihre offensichtlich verkümmerten Eierstöcke zu finden: kleine, graue, verschrumpelte, unansehnliche Klümpchen von einer puddingartigen Konsistenz, wobei die Kenntnis der weiblichen Anatomie ohne Bedeutung war. Diese Symbole begann sie dann in ihrer Vorstellung zu verändern, sie blies die schlaffen Säckchen dick und prall auf, malte die Oberfläche blitzblau an, polierte sie glänzend und ließ sich noch allerhand freundliche Details einfallen. An den folgenden Tagen verstärkte sie die Visualisierung und baute sie auch noch aus, gerade so, wie es ihr Spaß machte und sich für sie richtig anfühlte. Ihr Unbewußtes und ihr Körper konnten diese Symbolsprache sichtlich mühelos verstehen, übersetzen und anwenden – seither hat sich ein regelmäßiger Menstruationszyklus ganz ohne Unterstützung durch Medikamente eingestellt.

Hier wurde also auf der Dritten Ebene magisch gearbeitet, und siehe da: Auch auf der Ersten fand eine unübersehbare, meßbare Veränderung statt! Das bedeutet, die einzelnen Ebenen sind tatsächlich nicht voneinander getrennt, eben nur verschiedene Betrachtungsweisen derselben Gegebenheiten. Es spielt grundsätzlich keine Rolle, auf welcher der Ebenen jemand eingreift – das Resultat läßt sich auf allen anderen ebenfalls feststellen.

Was ich Ihnen in diesem Kapitel vermitteln will, ist nicht ein neues starres System anstelle Ihres bisherigen. Ich möchte Ihnen zeigen, daß Ihr Spektrum weit größer ist, daß Sie jederzeit die Freiheit haben, auch durch die anderen „Fenster“ zu schauen und den Zugang zu einem Thema zu wählen, der Ihnen den besten Erfolg bringt.

Wenn sich zum Beispiel bei einer Erkrankung auf der Ersten Ebene mit Hilfe von Medikamenten keine echte Verbesserung erzielen läßt, heißt das nicht, daß damit schon alle Ihre Möglichkeiten erschöpft sind. Dann haben Sie immer noch das medizinische Spektrum der Zweiten Ebene zur Verfügung, zu dem die Homöopathie und zum Teil die Traditionelle Chinesische Medizin gehören, wo mit der Übermittlung von Energie und Information gearbeitet wird. Oder Sie begeben sich einmal auf die Dritte Ebene und fragen sich, wofür diese Krankheit steht, was Ihnen Ihr Unbewußtes via Körper mitteilen will.

In der Praxis heißt das, daß auch ich froh bin über einen guten Unfallchirurgen und über eine gelungene Operation (Erste Ebene), wenn sich mein Sohn zwei Bänder im Knie gerissen hat, aber es bedeutet auch, daß ich es angemessen finde, erstens die Heilung auch noch mit anderen Formen der Medizin, zum Beispiel mit der Homöopathie (Zweite Ebene) zu unterstützen und zweitens darüber nachzudenken, was diese Verletzung an inneren Zuständen ausdrückt, wofür sie steht, was im Bewußtsein aus der Balance oder eben nicht flexibel genug war (Dritte Ebene). In der Kombination dieser verschiedenen Blickwinkel besteht dann eine wesentlich größere Chance, den Unfall als Lektion zu verstehen, seine Folgen zu heilen und ähnliche Vorfälle für die Zukunft zu vermeiden.

Eine Übung, um den Umgang mit Symbolen zu trainieren:

Wählen Sie einen Gegenstand im Raum oder an sich selbst aus und erklären Sie, warum und inwiefern dieser Gegenstand ganz genau so ist wie Sie selbst. Ich gebe Ihnen ein Beispiel, wie ich diese Übung einmal für mich durchführte: Ich wählte als Symbol einen einfachen, massiven Silberring, den ich am Finger trug. Und ich fand die Entsprechung darin, daß er rund und unendlich ist, als Fokus dient, viel aushält und nicht leicht Schaden nimmt, aus der Erde kommt und dem Element Erde verbunden bleibt …

Ebenso gut können Sie eine Blume, ein Buch, eine Lampe, einen Kugelschreiber oder einen Schal zu Ihrem Symbol machen. Und wenn Sie sich in einiger Zeit von neuem fragen, wer Sie sind und was Sie gerade ausmacht, paßt vielleicht ein neues Symbol zu Ihrer momentanen Verfassung.

Vierte Ebene:
ALLES IST EINS, ICH BIN EINS MIT ALLEM, ICH BIN ALLES.
Das ist die Ebene, die in den meisten östlichen Religionen als die höchste und erstrebenswerteste angesehen wird: Das „Eingehen ins Nirvana“, die Verschmelzung mit dem Urgrund allen Seins, die Beendigung allen Urteilens, die Überwindung jeglicher Trennung vom Göttlichen, die Vereinigung aller Gegensätze in Gott, das sind Begriffe, die der Sichtweise der Vierten Ebene entsprechen.

Die „unio mystica“, das Einheitserlebnis, wie es christliche Heilige in religiöser Ekstase erfahren haben, gehört sicher auch der Vierten Wahrnehmungsebene an.

Aus Sicht der hawaiianischen Schamanen gibt es keine Hierarchie der Ebenen untereinander, alle vier Blickwinkel stehen immer zur Verfügung und lassen sich je nach Situation mehr oder weniger nützlich und effektiv einsetzen.

Wir kennen diese vierte Sichtweise durchaus aus ganz alltäglichen Ereignissen: Wenn man sich mit etwas oder jemandem eins fühlt, heißt das in unsere Alltagssprache übersetzt, daß man sich identifiziert. Das passiert Müttern mit ihren Kindern, privaten und professionellen Partnern, aber auch Menschen im Zusammenhang mit einem materiellen Gegenstand oder einer gesellschaftlichen Position.

Für mich war zum Beispiel immer faszinierend zu beobachten, wie sehr sich Produktmanager mit dem Produkt ihrer Firma identifizieren. So sehr, daß sie persönlich gekränkt sind, wenn sie erfahren, daß mir der von ihnen vertretene Kaffee nicht schmeckt oder ich lieber auf die Verwendung von „ihren" Weichspülern verzichte. Sehr merkwürdig, finden Sie nicht?

Allerdings ist es für uns in unserer alltäglichen Wirklichkeit normalerweise nur eine bestimmte Anzahl von Dingen oder Menschen, mit denen wir uns eins fühlen, und eine weit größere, von denen wir in unserer Vorstellung getrennt sind und für die wir nicht das geringste Engagement aufbringen. Jemand, der sich in unseren Breiten so sehr eins mit einer vom Aussterben bedrohten Tierart oder den Hühnern in der Legebatterie fühlt, daß er Schmerz und Bedrohung als seine eigenen empfindet, wird für verrückt gehalten und von seiner Umgebung aufgefordert, wieder auf den Boden der Realität (Erste Ebene) zurückzukehren.

Auf jeden Fall entspricht es der Vierten Wahrnehmungsebene, wenn ein Passant auf der Straße den Peiniger eines Hundes selbst erschlägt, wenn Jugendliche im Pop-Konzert ihre Identität aufgeben und sich einer Art Massenhysterie hingeben oder wenn sich Mütter für das von ihren Kindern angerichtete Chaos bei den Veranstaltern des Geburtstagsfestes entschuldigen.

Ein besonders bemerkenswerter Fall von Identifikation findet auf unseren Straßen statt: Autobesitzer identifizieren sich mit ihren Autos. Daher wird jeder Kratzer zur persönlichen Tragödie, die in wilden Vergeltungsaktionen gipfeln kann. Da fühlen sich Menschen, die unsicher und wenig selbstbewußt sind, groß und stark, solange sie sich am Volant festhalten.

Da wird mit großem Aufwand geputzt und poliert, da werden Chromleisten und Airbrush-Bilder angebracht und alles aufs beste ausgestattet, was in keiner Weise mit dem verbesserten Fahrverhalten eines Fortbewegungsmittels zu begründen ist. Und da stürzen sich Menschen in Schulden, nur um durch einen dicken BMW selbst bedeutender zu werden.

Und doch ist das nur eine mögliche Sichtweise. Auf der Ersten Ebene wäre ein Auto ein technischer Gebrauchsgegenstand mit bestimmten Maßen und technischen Daten, hergestellt aus bestimmten, dafür geeigneten Materialien und in einer bestimmten Farbe lackiert. Auf der Zweiten könnte ein Mechaniker, der sich mit dem Fahrzeug sensitiv verbindet, spüren, wo es Funktionsstörungen gibt. Und auf der Dritten Ebene steht das Auto für einen bestimmten sozialen Status, für Prestige, für Freiheit, Jugend und Reichtum.

Wie verbreitet die Identifikation mit dem Auto ist, läßt sich leicht demonstrieren: Stellen Sie sich vor, Sie verlassen mit Freunden ein Restaurant und fragen jemanden: „Wo stehst du denn?" In 99 von 100 Fällen schaut der Betreffende nicht auf seine Füße und den Gehsteig, sondern gibt den Standort seines fahrbaren Untersatzes an. Stimmt's?

Es gibt eine Übung, die es Ihnen möglich macht, dieses bewußt hergestellte Eins-Sein mit etwas zu erfahren, sie ist aber allein kaum durchführbar:

Stellen Sie einen beliebigen Gegenstand im Abstand von mindestens zwei Metern vor sich hin und richten Sie alle Aufmerksamkeit darauf. Verstärken Sie die Beziehung zu diesem Ding, indem Sie bewußt möglichst viele Details wahrnehmen. Stellen Sie sich vor, Sie seien dieses Objekt, und fragen Sie sich, wie Sie sich als solches fühlen. Und dann sollte zu einem für Sie nicht vorhersehbaren Zeitpunkt etwas mit dem Gegenstand passieren, zum Beispiel sollte er hinunterfallen. (Für diesen letzten Punkt brauchen Sie Assistenz, jemanden, der die Situation plötzlich verändert.) Wenn nun das Objekt Ihrer Aufmerksamkeit zu Boden fällt, können Sie an Ihrer eigenen Reaktion feststellen, wie gut Ihnen die Identifikation gelungen ist: Sie war stark, wenn Sie buchstäblich ein Gefühl im eigenen Körper, eine Art Schock wahrnehmen.

Abschließend möchte ich noch ein paar Hinweise geben, was bestimmte Bereiche unseres Lebens, durch die vier unterschiedlichen „Fenster" betrachtet, bedeuten und darstellen können:

Mitmenschen:

Auf der Ersten Ebene fühlen wir uns von allen getrennt, die uns nichts bedeuten oder die wir fürchten, auf der Zweiten haben wir eine telepathische Verbindung zu einem geliebten Partner, auf der Dritten steht vielleicht ein Guru für unsere Überzeugung und Heilserwartung und auf der Vierten identifizieren wir uns mit unseren Kindern und erleiden Wohl und Wehe mit ihnen.

Cyberspace:

Auf der Ersten Ebene ist dieses Phänomen eigentlich nicht existent, wir können höchstens Punkte auf einem Bildschirm oder die elektrische Spannung wahrnehmen. Auf der Zweiten gewinnen wir dadurch eine Art Hellsichtigkeit, wir können im Pariser Louvre spazieren gehen und uns die dort ausgestellten Kunstwerke ansehen, ohne wirklich dort zu sein. Auf der Dritten erleben wir ein Abenteuer wie im Traum und auf der Vierten sind wir eins mit dem Computerprogramm.

Medizin:
Auf der Ersten Ebene finden alle materiellen Eingriffe statt, Operationen ebenso wie die Einnahme von pharmazeutischen Produkten. Auf der Zweiten können wir uns mit der Psychosomatik beschäftigen, mit dem Menschen aus ganzheitlicher Sicht. Dieser Ebene entsprechen auch Heilweisen, die Energie und Information übertragen, wie die Homöopathie, die Akupunktur, Handauflegen und viele mehr. Auf der Dritten kann man Placebos ansiedeln, aber auch schamanische Kraftobjekte, Dinge, die als Symbol für etwas anderes stehen. Und auf der Vierten kann sich ein Schamane so sehr in den Patienten einfühlen, daß er dessen Schmerzen selber spürt und übernimmt.
Magie:
Magier stehen auf der Ersten Ebene möglicherweise in Beziehung zu Menschen, die ganz anders denken und in anderen Traditionen leben, auf der Zweiten mit ihren Lehrern oder ihrem magischen Werkzeug, mit Krafttieren und -objekten, auf der Dritten mit einem für sie wichtigen oder heiligen Symbol und auf der Vierten mit einem Geistwesen oder einer Gottheit, die sie inkorporieren, also ganz in sich aufnehmen.

Damit will ich noch einmal sagen, daß es Ihnen jederzeit frei steht, den Zugang zu wählen, der sich für Sie als praktikabel und erfolgreich darstellt. Es geht um Flexibilität, um die Lust an der reichen Vielfalt unserer Welt. Wann auch immer Sie sich mit irgendeinem Bereich Ihres Lebens im Konflikt befinden und keine Lösungsansätze erkennen können, wechseln Sie einfach die Sichtweise, und zwar so lange, bis Sie sich wieder wohlfühlen und einen Silberstreif am Horizont sehen. Fragen Sie sich, auf welcher Ebene Sie sich mit Ihrem Problem gerade befinden. Diese Fragestellung allein relati-

viert das Thema bereits, weil sie Sie aus Ihren eingefahrenen Denkschienen heraushebt und die Weichen neu stellt.

Sie müssen sich keinesfalls für eine Ebene entscheiden und auf der dann auf Gedeih und Verderb für immer ausharren. Es ist auch kein besonderes moralisches Verdienst, nur mehr zu leiden, weil man alle Schicksale dieser Erde auf sich genommen hat. (Mehr dazu unter „Mitleid und Mitgefühl".) Ganz im Gegenteil, unser natürlicher Zustand ist der der Balance zwischen den Gegensätzen unserer polaren Welt, aus der wir zwar immer wieder herauskippen, in die wir aber auch immer wieder zurückkehren können. Wenn wir es wirklich wollen!

Die drei Funktionen des Selbst

Keltisches Sonnenrad

Auch die Betrachtung des Selbst als etwas mit drei Ebenen ist nicht kulturspezifisch, wir kennen die Begriffe von Sigmund Freud, der die Psyche als dreifach beschrieb: Es, Ich und Über-Ich. Oder wir reden von dem Menschen als einem komplexen System von Körper, Seele und Geist. Die Konzepte mögen zwar sehr unterschiedlich sein – vor allem durch die Einbeziehung oder Nichteinbeziehung der materiellen Form, des Körpers –, aber auffallend ist doch, daß es immer wieder um eine Dreiheit geht.

In Hawai'i ist das ebenso in der Tradition verankert: Da gibt es die Betrachtungsweise der drei unterschiedlichen Funktionen des Selbst, das an sich ungeteilt ist:
KU – das Unterbewußte, das Körperbewußtsein, der Bereich, wo Erinnerungen und Gewohnheiten gespeichert werden, wo aber auch Aktivität, Lernen und Verhalten zuzuordnen sind,
LONO – das Verstandesbewußtsein, der Bereich des Intellekts, wo Analysen und Entscheidungen stattfinden,
KANE oder AUMAKUA – das Höhere Selbst, die Verbindung zum Göttlichen, der Bereich der Spiritualität und Kreativität. Auf diesen

Bereich werde ich übrigens am wenigsten detailliert eingehen, weil er ganz unmittelbar mit dem spirituellen Weltbild jedes einzelnen zu tun hat. Und da Schamanen grundsätzlich nichts Missionarisches an sich haben und jeden persönlichen Gottesbegriff respektieren, will ich Ihnen zu diesem Thema nichts Bestimmtes vorgeben.

Um im schamanischen, beziehungsweise magischen Sinn mit den einzelnen Funktionsbereichen Kontakt aufzunehmen, um herauszufinden, wo und wie etwas verbessert werden kann, empfiehlt es sich, jeden Bereich zu personifizieren. Ich werde also im Folgenden diese schamanische Technik bereits anwenden.

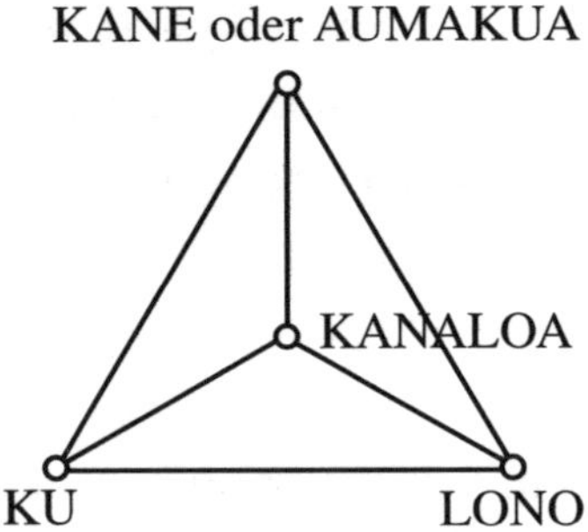

KU

Wie gesagt, das ist der Aspekt des Selbst, der mit dem Körper verbunden ist, der die unwillkürlichen Körperfunktionen steuert. KU ist erdverbunden und hat ein großes Wissen um die genetischen Voraussetzungen eines Menschen. Es fühlt sich gut oder auch nicht und handelt im Jetzt entsprechend seiner Befindlichkeit. Im Klartext heißt das, KU ist bereit, sich einzusetzen und mitzuarbeiten, wenn es entsprechend motiviert ist, wenn es sich entweder bereits bei der Aktivität selbst wohlfühlt oder wenn es gute Aussichten hat, sich nach Beendigung der momentanen Tätigkeit wohlzufühlen. Die einzigen Beweggründe für KU, sich freudig einzubringen, sind Zuneigung, Anerkennung und Wohlbefinden. Nichts anderes kann es zur optimalen Zusammenarbeit mit den anderen Aspekten verführen. Wobei die Belohnung nicht unbedingt schon im Moment stattfinden muß, KU läßt sich durchaus auch durch angenehme Zukunftsvisionen motivieren.

Wenn Sie sich nicht die Mühe machen, Ihrem KU gute Gründe zur freudigen Mitarbeit zu liefern, legt es sich quer. Wir kennen das Phänomen als den „inneren Schweinehund“, den es zu überwinden gilt. Auch der allen geläufige Satz vom Geist, der zwar willig, aber dem Fleisch, das schwach ist, beschreibt diesen schwierigen, gespaltenen Zustand.

KU reagiert nur auf Liebe, Zuwendung, Anerkennung und alles, was ihm Wohlbefinden bereitet. Punktum.

Wie kommt es aber, daß wir so viel Zeit und Energie mit Dingen verbringen, die uns quälen, verletzen, langweilen und frustrieren, und diesen Zustand zwar schlecht, aber doch über Jahre aufrechterhalten können und überleben? Warum hat unter unseren seltsamen Lebensumständen KU nicht schon längst alles blockiert?

Ganz so simpel ist es offensichtlich nicht mit dem Wohlfühlen, es ist durchaus möglich, daß wir in einer Struktur leben, die uns zwar insgesamt wenig Freude bereitet, die aber gleichzeitig unseren destruktiven Gedankenmustern entspricht. Wenn Sie so wollen, bekommt KU in einem solchen Fall durchaus Anerkennung dafür, daß es unseren negativen Erwartungen entsprechend agiert und uns Erlebnisse verschafft, die diese bestätigen. Kennen Sie nicht auch Leute, die eine große Befriedigung empfinden, wenn sich wieder einmal herausgestellt hat, die Welt, der Chef und die Nachbarin sind wirklich so schlecht, wie sie immer angenommen haben? Sie haben's ja immer schon gewußt und gleich gesagt!

KU ist folgsam und richtet sich nach dem, was ihm als Denkmuster vorgegeben wird. Nicht nur von innen aus der eigenen Struktur, auch von außen. Das heißt, Ihr KU erfüllt Ihnen nicht nur Ihre eigenen unbewußten Wünsche, sondern auch die der Menschen, die im beruflichen und öffentlichen Umfeld auf Sie zukommen oder Ihnen privat nahe stehen.

Wenn Sie also einen Vorgesetzten haben, der wenig von Ihnen hält, wird sich Ihr KU bemühen, eine verquere Art von Anerkennung zu bekommen, indem es dessen Erwartungen erfüllt und Sie möglichst viele Fehler machen läßt. (Den Umgang damit können Sie in meinem ersten Buch, im Kapitel „Kritik" lernen. Oder Sie wechseln den Arbeitsplatz.) Haben Sie es im Gegensatz dazu mit einem Menschen zu tun, der große Stücke auf Sie hält und Ihnen überdurchschnittliche Leistungen zutraut, paßt Ihr KU sich diesem Muster an.

Wenn Sie sicher sind, so leicht könne eine neue, erschwingliche Wohnung nicht zu finden sein, läßt Sie Ihr KU alle Inserate überblättern, die Sie Lügen strafen könnten. Gehen Sie davon aus, daß alle Traumfrauen und -männer längst vergeben sind, werden Sie sich dank Ihres unbewußten KU einem potentiellen Partner gegenüber entweder besonders kratzbürstig und unvorteilhaft geben oder den Zettel mit der Telefonnummer sofort verlieren. Ihr KU tut immer, was Sie oder andere, die für Sie wichtig sind, ihm sagen, weil es mit Ihnen in gutem Einvernehmen sein will.

Das ist der springende Punkt dabei: Sie können an Ihren Lebensumständen und Befindlichkeiten nur dann etwas ändern, wenn Sie anerkennen, daß es dabei zumindest einen eigenen, von Ihnen unbewußt gesteuerten Anteil gibt. Wenn Sie also nicht außerhalb Ihrer selbst Ursachen und Schuld suchen, wenn Sie diesen moralischen Schuldbegriff am besten überhaupt ersatzlos streichen, ist der Weg frei, um endlich in einen angeregten Dialog mit KU einzutreten. Dann können Sie sich überlegen, welche Weichen neu zu stellen sind, welche Denkmuster Sie KU in Zukunft vorgeben möchten.

Ich meine, nichts in Ihrem Leben passiert völlig unabhängig von Ihnen, die Denkweise der Ersten Ebene der Realitätswahrnehmung bringt uns da nicht weiter. Der schamanisch-magische Denkansatz bezieht sich immer auf die Möglichkeit, die Ebenen zu wechseln und auf der zu agieren, die sich als brauchbar anbietet. Und nicht auf einer stur zu verharren, obwohl wir damit allerlei unerfreuliche Erfahrungen gemacht haben.

Haben Sie zum Beispiel eine eher unangenehme Arbeit zu verrichten, hilft es im Sinne der Motivation von KU wenig, immer wieder daran zu denken, wie unglaublich langweilig, mühsam und sinnlos diese Tätigkeit ist oder sein wird. Das ist nichts, was KU hinter dem Ofen hervorlocken könnte, daher wird der Widerwille mit jeder Wiederholung des Gedankens wachsen, die Durchführung wird immer schwieriger und die Fehlerquote wächst ebenfalls. Zu guter Letzt werden Sie zur Krönung der ganzen Misere auch noch Krach mit Ihrem Chef und den Kollegen kriegen oder gar Ihren Arbeitsplatz verlieren. Ihr gehorsames KU hat Sie redlich dabei unterstützt zu beweisen, daß diese Arbeitssituation sowieso von Anfang an mies war und nichts Gutes dabei herauskommen konnte. Eben!

Die Alternative sieht so aus:

Gehen wir also wieder davon aus, die zu erledigende Arbeit sei wenig attraktiv. Es steht Ihnen frei, auch dabei einen Aspekt zu finden, der sich gut anfühlen kann. Sie könnten schauen, ob sich die Tätigkeit mit etwas sportlichem Ehrgeiz nicht schneller verrichten ließe, ob sich nicht sogar dabei etwas Neues oder Witziges erfahren ließe oder ob Sie sie nicht einfach als Training dafür betrachten können, Ihre Frustrationsschwelle in Zukunft ein bißchen höher anzusiedeln. Vielleicht ließe sich auch ein Gedankenmuster zurechtlegen, das besagt, Sie haben diesen Auftrag bekommen, weil nur Sie imstande sind, auch eine unangenehme Aufgabe gut und zuverlässig durchzuführen. Und wenn gar nichts anderes hilft, können Sie Ihrem KU immer noch etwas Nettes als Belohnung in Aussicht stellen: ein gemütliches Sonntagsfrühstück, einen langen Spaziergang im Wald, einen Kinobesuch mit Freunden oder auch die Vorstellung, wieviel Anerkennung Sie für eine so ungewöhnliche Leistung unter schwierigen Umständen bekommen werden. Was auch immer als Motivation für KU funktioniert, um es zur fröhlichen und konstruktiven Mitarbeit zu bewegen, was auch immer Ihrem KU und damit Ihrer ganzen Person Wohlgefühl vermittelt und den Widerstand vermindert, ist richtig und geeignet.

Und weil das KU des Chefs ebenso folgsam ist, wird Ihre innere Verwandlung und Neuprogrammierung auch noch bewirken, daß Sie wirklich erstaunlich viel positives Feedback erhalten, auch das Chef-KU will Zuneigung von Ihnen erhalten, indem es Ihre Erwartungen erfüllt. Wohlgemerkt, das geht nur, wenn Sie in Ihrem Inneren ehrlich davon überzeugt sind, Sie hätten Ihre Sache wirklich gut gemacht. KU läßt sich nicht beschummeln!

Auch im Bereich Gesundheit lohnt sich der Dialog mit KU. Gleichgültig, ob Sie nur unter Verspannungen oder unter einer manifesten Erkrankung leiden, es lohnt sich immer, KU eine neue, freundliche Vision vorzugeben. Teilen Sie Ihrem KU mit, warum es sich lohnt, gesund zu werden, was für Annehmlichkeiten ihm und Ihnen dann wieder offenstehen, und erschaffen Sie Ihm Bilder, wie Sie selbst in genesenem Zustand das Leben genießen. Stellen Sie sich Ihren Körper so vor, wie er Ihrer Meinung nach im Vollbesitz seiner Kräfte sein sollte, und erzählen Sie KU, wie wunderbar doch das Körpergefühl in diesem wohltrainierten, harmonischen, heilen Zustand ist oder sein wird.

Beauftragen Sie KU, auf die ursprüngliche gesunde genetische Information zurückzugreifen und die Verletzung zu heilen, die Sie sich zugezogen haben. Und wundern Sie sich nicht, wenn Ihr KU Sie wörtlich versteht und auch die Bildung von Narben unterläßt, die ja im genetischen Programm nicht vorgesehen waren. Danach bedanken Sie sich bei KU und loben Sie es für die gute Arbeit!

KU erinnert sich an alles, an die Definition durch Gene ebenso wie an die Körperempfindungen, die mit allen Erlebnissen verbunden sind. Ja, man kann sogar sagen, jede Erinnerung wird im Körperbewußtsein gespeichert. Sicher kennen Sie die Situation, daß Sie ein wildfremder Mensch in der U-Bahn an einer bestimmten Körperpartie berührt und Ihnen fallen plötzlich längst vergangene Szenen aus einer anderen Lebensphase ein. Oder Sie riechen etwas Bestimmtes und sehen Ihre alte Tante vor sich, die dieses merkwürdige Toilettewasser benutzt hat. KU hat alles gespeichert; daher ist es auch so problematisch, wenn einem Menschen ein Arm oder Bein amputiert werden muß. Der sogenannte Phantomschmerz, also der heftig empfundene Schmerz in dem nicht mehr vorhandenen Körperteil, hängt mit dieser Erinnerung zusammen, die einerseits unteilbar mit verschiedenen Bereichen der körperlichen Sinneswahrnehmung verbunden, aber durch den chirurgischen Eingriff nicht mehr so leicht zugänglich ist. Bezeichnenderweise entzieht sich der Phantomschmerz der konventionellen Schmerztherapie, er wird meistens durch Psychotherapie, durch das Abschneiden auch des immateriellen Körperteils, das Amputieren eines Teils des Energiekörpers behandelt.

Aus der Sicht des Schamanen und Magiers ist das keine sehr sinnvolle Therapieform, weil dadurch der Verlust zwar nicht mehr zu spüren ist, aber keineswegs ausgeglichen wird. Wenn Sie gut Freund mit Ihrem KU sind, läßt es sich sicher dazu bewegen, die Daten aus einem bestimmten Speicher im Körper vorsorglich schon in einen anderen zu übernehmen, sollte eine solche Operation sich als wirklich unabwendbar erweisen. Auch wenn diese Trennung ganz unerwartet als Folge eines Unfalls eingetreten ist, haben Sie immer noch die Möglichkeit, mit einiger Übung entweder in Ihrer Vorstellung aus dem Körper herauszutreten, die Grenzen zu erweitern, um sich zu erinnern, oder sich Ihren Körper unversehrt vorzustellen und in Kontakt mit den „abgeschnittenen“ Energien zu treten.

Ist die Gehirnfunktion beeinträchtigt, nach einem Schlaganfall zum Beispiel, kann es ebenfalls schwierig sein, Eindrücke und Erinnerungen zu verarbeiten. Auch da kann das Visualisieren eine Hilfe sein, die Vorstellung, die gerade blockierten Blut- und Nervenbahnen auszuputzen oder wieder zusammenzuknüpfen.

Auch ganz alltäglicher Streß und die damit verbundenen Spannungen in der Muskulatur können den Zugang zur Erinnerung blockieren. Dagegen hilft – Sie ahnen es bereits – Entspannung, durch das bewußte Lenken des Atems bei PIKO-PIKO (siehe „Magie ist keine Hexerei") zum Beispiel oder auch auf jede andere Art und Weise. Sobald die Energie wieder ungehindert fließt, kommen Sie an die abgespeicherten Informationen heran. Eine ganz alltägliche Auswirkung dieses Phänomens, die wahrscheinlich jeder kennt, ist die, daß man einen Gegenstand solange trotz intensivster Suche (=Erregung und Anspannung) nicht findet, bis man die Sucherei aufgibt (=Loslassen und Entspannen). Dann liegt er einem plötzlich direkt vor der Nase, an einer Stelle, die man bereits fünfmal genau durchstöbert hat. Oder anders herum ausgedrückt, solange Sie sich auf „Suchen" programmieren, suchen Sie. Probieren Sie es einmal mit dem Programm „Finden"!

Sie können sich ganz sicher fühlen, Erinnerung geht niemals verloren. Sie müssen nur Zugang zum entsprechenden Speicherplatz bekommen, und das gelingt Ihnen umso leichter, je lockerer Sie sich Ihrem KU anvertrauen. KU vergißt nichts und ist immer bereit zu helfen.

KU ist verspielt und tut Dinge einfach nur, um Spaß zu haben und die Lust am eigenen Körper zu spüren: wie Schifahren, Schwim-

men oder Tanzen. KU lacht gerne und genießt die Kraft, die es aus dem Lachen gewinnt. KU bewegt sich immer vom Schmerz zur Freude, vom Streß zur Entspannung, vom Konflikt zur Harmonie, von der Angst zur Liebe. Wenn man es läßt.

Der energetische Status von KU läßt sich durch körperliche Aktivität und emotionelle Erregung verändern, beziehungsweise steigern. Außerdem kann KU äußere Einwirkungen nutzen, indem wir uns an Orten der Kraft aufhalten. Das heißt, je nach unserer Befindlichkeit, wirken aktive Orte wie Großstädte, Vulkane, Erdbebenzonen oder Bergspitzen aufladend und damit wohltuend oder eben passive wie Höhlen, Wälder, Strände oder Täler beruhigend und ebenfalls angenehm. Auch Fotos von Kraftplätzen oder symbolische Darstellungen können dieselbe Wirkung haben. KU unterscheidet nicht zwischen der realen und der in Bildern und Imaginationen vorgegebenen Darstellung.

Wir können seine Wahrnehmungsfähigkeit erweitern, indem wir den Bereich, den wir sensitiv erfassen, bewußt immer mehr ausdehnen. Fühlen Sie sich dafür in Dinge ein, die sich außerhalb Ihrer Reichweite befinden, die Sie im Moment vielleicht nicht einmal sehen können. Gehen Sie im Dunkeln durch Ihre Wohnung und spüren Sie die Energiefelder der einzelnen Einrichtungsgegenstände. Konzentrieren Sie sich darauf, die Energie von anwesenden oder abwesenden Personen und ihre körperliche Befindlichkeit wahrzunehmen. Wandern Sie in Ihrer Vorstellung durch Ihren eigenen Körper und machen Sie sich ein Bild von jedem einzelnen Organ, das mit der Kenntnis der Anatomie nichts gemeinsam haben muß. Und vertrauen Sie Ihren Visionen!

LONO
ist das Verstandesbewußtsein, der Bereich des Selbst, der analysieren und entscheiden kann. Im LONO ist der Intellekt zu Hause, unsere Fähigkeit, die in KU gesammelten Erfahrungen und Informationen zu verarbeiten und daraus Schlüsse zu ziehen, aber auch die Ideen, die aus dem kreativen KANE stammen, bewußt einzusetzen. LONO beschäftigt sich mit den quantifizierbaren Faktoren unseres Daseins, es will messen und wägen und leitet aus den Ergebnissen Regeln ab.

LONO arbeitet mit mentaler Energie, mit Gedanken und Vorstellungen, die KU dann ganz leicht in physische Energie umsetzen kann. Darauf beruht das magische Konzept der Heilung von körperlichen Problemen oder Lebenssituationen durch die Änderung der dahinterstehenden Gedankenmuster, da uns eben in unserer alltäglichen materiellen Welt genau das begegnet, was wir, bewußt oder unbewußt, in unseren Gedankenmustern kreieren. Der kundige Magier/die kundige Magierin übernimmt aufgrund dieser Erkenntnis die volle Verantwortung für alle seine/ihre äußeren Begegnungen, wissend, daß er/sie sie verändern kann, wenn er/sie das für sinnvoll hält und es will.

LONO gibt die Struktur vor, das Gedankenmuster, dem KU unter allen Umständen zu entsprechen versucht, da ja KU seine Anerkennung daraus bezieht, diese Vorgabe perfekt umgesetzt zu haben. Auch wenn sich das auf die ganze Person bezogen oft sehr wenig heilsam und erfreulich auswirkt.

Im Klartext heißt das, daß es sich jedes Mal, wenn Sie sich über etwas ärgern oder kränken, wenn Ihnen Unglück und Schmerz widerfahren, lohnt, Ihren Denkmustern nachzuspüren, sich selbst zu fragen, inwiefern die momentane Erfahrung zu Ihren Erwartungen paßt. Jedesmal, wenn Sie geneigt sind zu sagen, daß Sie „es“ ja gleich gewußt haben, „da sieht man es wieder“ und ähnliches, sind Sie in die Falle Ihrer vorgefertigten mentalen Muster getappt. Der Kosmos hält unendlich viele Möglichkeiten und Varianten von Erlebnissen für uns bereit, unsere momentane Befindlichkeit ist das Resultat unserer meistens unbewußten Auswahl daraus.

Möglicherweise denken Sie sich jetzt, was es aber dann wohl mit den Menschen auf sich habe, die schon unter ganz schrecklichen und einschränkenden Umständen zur Welt kommen. Inwieweit erlebt ein behindertes Kind oder ein Baby in einer vom Verhungern bedrohten Familie die Auswirkungen seiner Gedankenmuster. Meine ganz persönliche Auffassung dazu ist die, daß sich solche Ereignisse nur in einem größeren, ein Kontinuum von vielen Leben umfassenden Kontext sinnvoll einordnen lassen. Als von allen davor stattgefundenen, danach oder auch parallel stattfindenden Entwicklungsschritten getrennt betrachtetes Stückchen Leben bleibt es mir unverständlich und unerklärbar. Das ist ein philosophisches Thema, mit dem sich jeder nur seinem Weltbild entsprechend befassen kann. Ich würde daran und an der Sinnlosigkeit dieser Welt generell verzweifeln, wenn ich davon ausgehen müßte, daß das Leben nur diese kurze Spanne zwischen Geburt und Tod umfaßt und sich nur in ein paar chemischen Reaktionen unseres Körpers erschöpft. Glücklicherweise habe ich schon oft die Erfahrung gemacht, daß wir alle und unser geistiges Potential weit über diese materielle Beschränkung hinausreichen. Und ich habe das Vertrauen zu einem Höchsten Bewußtsein, das Sie auch Gott nennen können, daß auch das, was ich nicht verstehen kann, in einem größeren Zusammenhang sinnvoll geordnet ist. Die Tatsache, daß ich etwas nicht verstehe, heißt eben nur das – ich kann es hier und jetzt nicht verstehen, ich bin ein beschränktes, menschliches Wesen. Woraus aber meiner Meinung nach keinesfalls abzuleiten ist, daß Fatalismus und Verantwortungslosigkeit angebracht sind. Ganz im Gegenteil, jeder von uns hat die Aufgabe, dieses Leben nach bestem Vermögen für seine spirituelle Entwicklung zu nützen und seinen Platz im Universum auszufüllen.

Dieses Buch richtet sich also an eine gewisse Auswahl von Menschen, an die, die in der Schule lesen gelernt haben und sich den Luxus leisten können, nach innen zu schauen und über ihr Wohl und Wehe nachzudenken, in der Hoffnung, daß jeder Mensch, der bewußt die Verantwortung für sich und unseren Planeten übernommen hat, auch segensreich für die arbeitet, denen ihre jetzigen Lebensumstände diese Möglichkeit nicht einräumen.

Nach diesem Exkurs wieder zurück zu LONO, zu unserer Vernunft, unserem Verstandesbewußtsein. LONO kreiert also die Gedanken, die die Umsetzung auf allen Ebenen nach sich ziehen. Das gilt sowohl für Sie selbst, für Ihre Gesundheit wie für Ihre emotionale Befindlichkeit, als auch für das, was von außen auf Sie zukommt.

Sollten Sie jedesmal, wenn Sie kalte Füße kriegen oder ein bißchen Zugluft verspüren, sofort davon ausgehen, daß Sie spätestens morgen früh ganz sicher mit Halsweh erwachen werden, erfüllt Ihnen KU diese Prognose prompt. Sollten Sie bei einer schweren Erkrankung wie zum Beispiel Krebs die Befürchtung nähren, daß diese Krankheit gleichbedeutend mit einem Todesurteil ist, haben Sie keine Chance, wieder gesund zu werden, egal, wieviele oder welche Therapien Sie absolvieren. Und wenn Sie davon überzeugt sind, daß Sie durch die Emissionen in unserer industrialisierten Umwelt oder durch Passivrauchen im Büro schwer beeinträchtigt werden, verstärken Sie die Auswirkung dieser Faktoren auf Ihren Körper um ein Vielfaches.

Ebenso wirksam ist es, im beruflichen Umfeld allenthalben Mißachtung, Sinnlosigkeit oder Betrug zu wittern. Sie werden mit unfehlbarer Sicherheit dazu passende Erfahrungen machen. Sie können sich so das einzig nicht funktionierende Auto oder Fernsehgerät einer an sich renommierten Marke organisieren, Sie selbst engagieren den Mitarbeiter, der mit der Kassa durchbrennt, Sie scheitern am Wohnungsmarkt und in Ihren zwischenmenschlichen Beziehungen. Warum manche Menschen zwar einerseits die Meinung vertreten, daß Männer und Frauen eigentlich viel zu verschieden sind, um zusammenzupassen, und doch immer wieder einen neuen Anlauf zum privaten Glück in einer konventionellen Ehe nehmen, hat mir noch nie eingeleuchtet. Ich würde ihnen empfehlen, sich einen gleichgeschlechtlichen Partner zu suchen, ein Haustier anzuschaffen oder allein zu bleiben. Oder eben die Denkmuster zu verändern.

Schwieriger ist es, seine Ideen umzusetzen, wenn man sich damit weit außerhalb der allgemein akzeptierten Konzepte bewegt, wenn man beispielsweise ein genialer Erfinder ist, wie Leonardo da Vinci einer war. Der hat übrigens ein sehr eindrückliches Exempel statuiert, wie schwer es ein Genie haben kann: Berühmt ist unter anderem Leonardos Fluggerät, eine Art Drachenflieger könnte man es heute nennen, mit dem es niemandem zu seiner Zeit, der italienischen Renaissance, gelungen ist, vom Boden abzuheben. Damals herrschte auch noch durchgehend die Meinung vor, daß der Mensch nicht fliegen könne und nie fliegen werde. Schließlich ist ein Mensch kein Vogel! Heute, in einer Zeit, wo Fliegen nichts Ungewöhnliches mehr ist, ist es in Experimenten gelungen, mit einem genau nach Leonardos Angaben gebauten Flieger zu fliegen. Heute unterstützen die Gedanken von einer Vielzahl unserer Mitmenschen diese Idee und ihre Durchführung. Spannend, nicht wahr?

Daraus läßt sich ableiten, daß wir durchaus auch unter dem Einfluß unserer Umgebung stehen, daß es nicht leichter wird, an revolutionären Einfällen festzuhalten, wenn diese für verrückt oder – wie in Leonardos Fall – sogar für gotteslästerlich gehalten werden. Was aber nichts über die Richtigkeit oder die Durchführbarkeit einer Idee aussagt, sondern nur über die mentalen Begrenzungen, denen sie gegenübersteht.

Hand aufs Herz, hätten Sie sich vor zwanzig Jahren vorstellen können, daß es möglich sein kann, einen handgeschriebenen Brief in den Schlitz eines nur handtaschengroßen Gerätes zu stecken und davon auszugehen, daß aus einem ähnlichen Gerät in New York ein Brief in Ihrer Handschrift herauskommt?

Umgekehrt kann eine Idee schon so naheliegend sein, quasi in der Luft liegen, daß sie sich in mehreren Weltgegenden manifestiert. Auch die Nähmaschine ist nicht nur vom Österreicher Josef Madersperger erfunden worden, parallel dazu gab es auch in England ähnliche Entwicklungen. Manchmal hat nur eben einer der Konstrukteure das Glück, als erster sein Patent veröffentlicht und anerkannt zu haben.

Die Tatsache, daß wir uns für unser Leben etwas nicht oder noch nicht vorstellen können, heißt nur genau das: Wir können es uns nicht, noch nicht vorstellen! Keine Spur von unmöglich oder so! Nur unsere Vorstellungskraft ist beschränkt, vielleicht durch Vorurteile behindert, nicht die reiche Fülle des Universums.

LONO bezieht sich auf vorhandene Erfahrungen, analysiert sie und gibt KU vor, wie es sich damit fühlen wird. Sollten Sie sich mit einem Problem herumschlagen, das ganz stark mit Ihrer Vergangenheit verbunden ist, wie der Beziehung zu Ihren Eltern, haben Sie durch eine Veränderung Ihrer Einstellung dazu nicht nur die Möglichkeit, Ihr zukünftiges Verhältnis zu verbessern, sondern auch die mitgeschleppte Belastung aus früheren Konflikten aufzulösen. („Vergangenheit auflösen" in „Magie ist keine Hexerei").

Auch die Fähigkeit, Entscheidungen zu treffen, gehört zum Bereich des LONO, wobei LONO dafür sowohl die Eindrücke der Körpererfahrung via KU, als auch das kreative Potential von KANE benützt. Es wägt ab, überlegt Pro und Kontra und trifft dann die Auswahl. Daß diese Wahl, dieser Entschluß damit ein für alle Mal feststehen, ist allerdings ein zwar verbreiteter, aber verhängnisvoller Irrtum. LONO verliert mit der Entscheidung nicht die Fähigkeit zur Analyse und kann sie immer von neuem einsetzen, um den Effekt zu optimieren. Auch etwas nicht mehr zu verändern, einen Entschluß nicht zu revidieren, ist also eine Leistung von LONO und kein Zeichen des unentrinnbaren Schicksals.

LONO hat immer und immer wieder die Möglichkeit, sich die Auswirkungen seiner Denkmuster auf KU anzuschauen und gegebenen-

falls mit Hilfe der Kreativität von KANE zu korrigieren, und bewirkt durch die Vorgabe neuer Prämissen ganz neue, ungewohnte Erlebnisse. LONO orientiert sich an der Effektivität seiner Vorgaben, es will alles vollständig haben, kontrollieren und darauf Einfluß ausüben. Im Gegensatz zu KU spielt LONO nur, um zu gewinnen, um sich mit jemandem zu messen, läßt sich aber mit KU kombinieren. So können Spiele auch Spaß – und nicht nur Streß – machen.

Die Energie von LONO läßt sich durch erhöhte Konzentration und starke Imagination steigern. Je besser Ihre mentale Ausrichtung auf ein Ziel gerichtet ist, desto eher ist KU imstande, den richtigen Weg dorthin zu gehen.

Wenn Sie die Fähigkeiten von LONO weiterentwickeln möchten, rate ich Ihnen zu folgender Übung, die besonders verblüffend mit einem Menschen durchzuführen ist, den Sie nicht sehr gut kennen:

Jeder der Beteiligten wählt einen kleineren Gegenstand, den er zwischen den Händen auflädt, mit seiner ganz persönlichen Kraft ausstattet. Dann tauschen Sie die Dinge untereinander aus. Jeder benützt jetzt den Gegenstand des anderen als Fokus für seine Imagination. Versuchen Sie so zum Beispiel die Lieblingsspeise der anderen Person herauszufinden! Und wenn Sie ein zumindest in einigen Aspekten ähnliches Bild aufgefangen haben, verbuchen Sie das bereits als Treffer.

Mit ein bißchen Übung werden Sie schneller und leichter an erwünschte Informationen herankommen. Das ist nicht nur ein amüsantes Spiel, sondern auch eine willkommene Hilfe überall dort, wo es um die logische Analyse eines Zustandes geht. Zum Beispiel im Umgang mit defekten

Geräten. Dabei können Sie kraft Ihrer mentalen Fähigkeiten den Fehler finden, ihn gleich beheben oder zumindest die weiteren Schritte zur Reparatur vereinfachen. Das ist doch ganz praktisch, finden Sie nicht?

KANE oder AUMAKUA
ist das Höhere Selbst, der göttliche Funke in uns, der Bereich der Spiritualität und Inspiration, der Kreativität und Intuition. KANE erschafft alles durch Glaubenssätze, durch ganze Glaubenssysteme. Es registriert Gedanken (aus LONO) und Gefühle (aus KU) und paßt im Idealfall die Glaubensmuster diesen Erfahrungen an.

Sehr oft kommt es aber vor, daß Menschen ihre Glaubenssätze gar nicht selbst finden und als solche definieren, sie übernehmen vorgegebene Gedankenmuster von anderen, von Eltern, Lehrern, Vorgesetzten oder Idolen. Sie fühlen sogar, was andere fühlen, geben also auf allen Ebenen ihre Autorität an andere ab. Dementsprechend bemerken sie oft erst spät, etwa aufgrund einer schweren Erkrankung, die Kluft zwischen den Gedankenmustern, denen sie bisher gefolgt sind, und dem, was wirklich zu ihrem Wohlbefinden beiträgt. In solchen Fällen hilft nur, den Zusammenhang zwischen Denkmustern und Befindlichkeit anzuerkennen und die ersteren so weit zu verändern, bis diese erwähnte Diskrepanz aufgehoben ist.

Woher auch immer wir unsere Glaubenssysteme beziehen, wir erschaffen uns dadurch unsere eigene Wirklichkeit, unser Erleben im Hier und Jetzt. KU handelt diesen Mustern entsprechend, und LONO liefert auch noch die Begründungen und Regeln dazu. Daraus folgt, wann auch immer wir mit den praktischen Auswirkungen auf unser Leben nicht einverstanden, erfolglos oder krank sind, liegt es an

KANE, neue Glaubenssätze zu kreieren, mit denen wir uns wohlfühlen, Energien wieder in Fluß bringen, unsere Ängste beruhigen und unsere Schmerzen stillen. KU setzt diese neuen Vorgaben unmittelbar um, und LONO kann dann von neuem die Effektivität überprüfen. Dabei ist es nicht notwendig, ein ganzes Glaubenssystem auf einmal auszutauschen, vielmehr sollten wir uns genau ansehen, welche Teile davon zum Problem geworden sind und uns unerfreuliche Erfahrungen beschert haben. Diese zu ersetzen und unser Spektrum an Erwartungen und Vorstellungen zu erweitern, bewirkt schon eine Wende in unserem Leben. Und das lohnt sich doch, darum geht's uns doch hier, nicht wahr?

KANE wird durch sein Bedürfnis nach Harmonie motiviert, es ist immer bemüht, die Erinnerungen in KU mit den Erwartungen in LONO zu verbinden und abzustimmen. KANE ist der einzige Bereich des Selbst, dessen Hauptaugenmerk auf das Jetzt gerichtet ist. KU als Bereich der Erinnerung bezieht seine Energie, seinen Antrieb vor allem aus der Vergangenheit, und LONO aus der Zukunft, aus den Überlegungen, was aus einem bestimmten Anliegen werden könnte.

Hawaiianer gehen davon aus, daß der Weg von LONO zu KANE immer über KU führen muß, KANE sich aber seinerseits direkt an LONO wenden kann. Die Intuition und Kreativität sind dem Verstand also nicht direkt zugänglich, Einfälle lassen sich meistens nicht logisch begründen und erklären. Und doch ist der Bereich des KANE ein wichtiger, vertrauenswürdiger Bestandteil unseres Bewußtseins. Intuitiv können wir oft wesentlich schneller an ein brauchbares Instrument zur Problemlösung gelangen als über den mühsamen Umweg der Analyse aller bekannten Faktoren. Abgesehen davon, daß wir niemals über die vollständige Liste aller in Frage kommenden Aspekte verfügen, also unsere Hochrechnung immer eine Reihe von Unbekannten einbeziehen muß.

Für mich entspricht dieser Weg dem neutestamentlichen Hinweis, daß wir nur dann ins Himmelreich eingehen können, sprich: die Vereinigung mit dem Göttlichen erreichen, „wenn wir werden wie die Kinder“, also uns in den Zustand begeben, in dem verstärkt die Alpha-Frequenzen des Gehirns benutzt werden, die dazu geeignet sind, sich mit KU zu verständigen und alle negativen Emotionen abfallen zu lassen. Via KU gelangen wir zu KANE, erhalten Zugang zur Quelle allen Seins.

Die Energie von KANE läßt sich durch Affirmationen und durch ein bestimmtes Verhalten steigern. Mit Affirmationen sind Sätze der Bekräftigung gemeint, die Ihnen helfen, die Aufmerksamkeit auf ein neues Gedankenmuster zu richten, solange Ihnen dieses noch nicht vertraut und selbstverständlich genug ist und die Gefahr besteht, daß Sie wieder in die altbekannten Denkstrukturen zurückfallen könnten. Zum Beispiel: „Ich kann gesund werden.“ „Liebe und Freude erfüllen mich.“ „Es gibt auch für mich den richtigen Platz, den richtigen Partner, und ich werde ihn mühelos finden.“

Und mit dem bestimmten Verhalten ist gemeint, daß wir die Möglichkeit haben, uns bewußt einer Körpersprache zu bedienen, die unseren neuen Glaubenssätzen entspricht. Versuchen Sie nur einmal, sich so hinzusetzen, wie das Ihrer Meinung nach ein selbstbewußter Mensch tut! Und zwar unabhängig davon, ob Sie im Moment wirklich vor Selbstvertrauen strotzen. Selbst wenn Sie sich eben noch wie eine graue Maus vorgekommen sind, werden Sie nach kurzer Zeit in der bewußt beibehaltenen Position bemerken, wie sich diese auf Ihre innere Befindlichkeit auswirkt. Ihr Selbstwertgefühl wächst.

Oder Sie entspannen bewußt und absichtlich die Muskeln, die sich in Wut oder Angst verkrampft haben – und siehe da, mit der körperlichen Spannung fällt auch die unangenehme, einschränkende Emotion von Ihnen ab, Ihre Energie fließt ungehindert, und Sie fühlen sich wieder groß und stark.

KANE wird in Hawai'i auch AUMAKUA genannt, was auch soviel wie „Vorfahren“ oder „Verbindung zur spirituellen Quelle“ bedeuten kann. Dahinter steht die Auffassung, daß wir alle aus derselben Quelle stammen, aus ihr schöpfen und zu ihr zurückkehren. So sind Hawaiianer auch der Meinung, daß Kinder von den Großeltern aufgezogen werden sollten, weil diese bereits wieder näher der göttlichen Quelle sind als die Eltern. Oder um es mehr naturwissenschaftlich zu formulieren, alte Menschen befinden sich nach den Jahren der beruflichen Tätigkeit und der Betonung höherer Gehirnstromfrequenzen wieder mehr und mehr im Alphazustand, der ihnen in ihrer Kindheit vertraut war.

Alle Bereiche oder Funktionen des Selbst sind natürlich nicht voneinander zu trennen, sie interagieren ständig, sie sind nur Aspekte eines an sich ungeteilten Selbst. Schamanen tendieren aber dazu, auch diese Bereiche zu personifizieren, um zuerst herauszufinden, wo des Pudels Kern sitzt, und um diesen dann zu verändern und Einfluß zu nehmen. Letzteres geht natürlich umso besser, je genauer man sein Vis-à-vis kennt und einschätzen kann. Daher freunden sie sich mit den personifizierten Aspekten an, unterhalten sich mit ihnen, ergründen die jeweilige

Motivation und bieten eine neue an, wenn sich die bisherige als unzureichend erwiesen hat.

Wenn Sie herausfinden wollen, in welchem Bereich des Selbst ein Problem und die Lösung dazu sitzen, stellen Sie sich folgende Fragen:
Was fühlt sich gut oder eben gerade nicht gut an? (KU)
Wo und wann beginne ich zu interpretieren, Begründungen und Erklärungen zu suchen? (LONO)
Habe ich plötzlich einen Einfall, eine Idee, eine Inspiration? (KANE)
Fällt mir dazu eine bestimmte Erinnerung ein? (KU)
Was halte ich für richtig oder falsch? Was „tut man"? (LONO)

Besonders zu empfehlen ist der freundschaftliche Kontakt mit KU, bei dem Hawaiianer sogar soweit gehen, diesem Aspekt einen eigenen, ganz persönlichen Namen zu geben und ihn damit mit Zuwendung und Energie auszustatten, ihn eben in schamanischer Weise zu ermächtigen. Kennen Sie den Film „Mein Freund Harvey"? James Stewarts riesiger Hase hat eine gewisse Ähnlichkeit mit dem, was ich mit dem ganz individuell personifizierten Bereich des Selbst meine, auch damit, daß es sich dabei um ein sehr persönliches Thema handelt, das für andere nicht immer verständlich sein muß. Sie selbst, und nur Sie selbst, sind der Maßstab dafür, was sich in Ihrem Leben passend, angenehm und richtig anfühlt, es geht um Ihre subjektive Wahrheit und Wirklichkeit. Schamanen halten die Auffassung, daß es außerhalb unserer Person eine unabhängige, objektiv erfaßbare Welt mit objektiven Maßstäben gäbe, für Illusion.

Wenn Sie daher gute Erfahrungen damit machen, Ihr KU Sylvia oder Herbert zu nennen, es so anzusprechen und durch Bilder von Palmenstränden und die Vorstellung einer Karibik-Reise zur Mitarbeit zu bewegen, kann Ihnen niemand dieses Wissen streitig machen. Es ist allerdings auch nicht verallgemeinbar.

KU ist auch bereit, Antworten zu geben, sein Wissen mit LONO zu teilen. Allerdings eignen sich für diesen Dialog eher die verschiedenen Divinationstechniken (siehe „Magie ist keine Hexerei") als das Verbalisieren, das doch sehr zum analytischen Zugang von LONO gehört. Wenn Sie sich vorstellen können, daß KU, das doch alle Körperfunktionen steuert, auf seine ganz spezielle, unbewußte Weise ein Pendel bewegt oder Steine fallen läßt, haben Sie schon eine geeignete „Sprache" und die zugehörige, für LONO verständliche Übersetzung gefunden. Via KU erfahren Sie auch, was Sie von KANE wissen wollen. Sie müssen nur die Fragen formulieren und die Zuordnung Ihrer Werkzeuge festlegen, Sie bekommen ohne weiteres verständliche, zuverlässige Antworten.

Und auch dabei spielt das Ermächtigen eine große Rolle, sie bestimmen dadurch, inwieweit Sie Ihrem Unbewußten die Kenntnis dessen zutrauen, was Ihnen bewußt nicht zugänglich ist, die Qualität, die Präzision und den Gehalt der Mitteilungen.

KU reagiert auf sinnliche Eindrücke, daher haben Rituale einen besonders starken Effekt auf es. Wenn Sie also Ihrem KU mitteilen wollen, daß ab sofort gewisse Prämissen geändert sind, denken Sie sich etwas Beeindruckendes aus:

Schreiben Sie die alten Glaubenssätze auf und verbrennen Sie das beschriebene Blatt Papier!

- Stellen Sie sich vor, ein bestimmter Stein verkörpere genau die Belastung, die Sie jetzt ablegen, und vergraben Sie diesen Stein in der Erde möglichst tief, sodaß er nie mehr auftauchen kann!

- Legen Sie sich in die Badewanne und verbinden Sie das abfließende Wasser mit der Visualisierung davon, daß mit dem Wasser auch alle quälenden Emotionen, Ängste und Verletzungen in der Kanalisation verschwinden!

- Machen Sie ganz gewöhnliche alltägliche Verrichtungen zu Ritualen, indem Sie ihnen Bedeutung auf einer symbolischen Ebene verleihen. Und noch einmal sei's gesagt: Beeindrucken Sie KU! Das ist magische Arbeit.

Und zuletzt noch ein paar Worte zu KANALOA, dem Platz der Stille, des vollkommenen Vertrauens und der Ruhe, dem Zentrum des Universums: Darunter verstehen Schamanen nicht einen Ort außerhalb unserer selbst, sondern das Einssein mit dem, was gerade ist, den Willen, einfach zu sein, ohne sich darüber zu definieren, daß man etwas Spezielles tut oder repräsentiert. Für Buddhisten ist das wahrscheinlich das Stadium der Erleuchtung, die vollkommene Vereinigung aller Gegensätze. In KANALOA sind wir heil und vollständig, dort sind wir der Einheit, der Harmonie, dem Göttlichen am nächsten.

Nach hawaiianischer Auffassung ist KANALOA nicht ein einmal erreichter und damit unverlierbarer innerer Zustand, sondern vielmehr das Stadium der Balance, das wir in guten Momenten erreichen, aus dem wir immer wieder herauskippen, in das wir aber auch immer wieder zurückkehren können.

Dieses hawaiianische Modell der Funktionen des Selbst ist wie alle Modelle ein beliebiges, willkürliches, eines, das Sie für sich als brauchbar empfinden, adaptieren und modifizieren können. Es ist wie alles im magischen und schamanischen Umgang nur eine Möglichkeit, die Welt innen und außen zu betrachten. Keinesfalls handelt es sich dabei um die „Wahrheit", um etwas, dem sich alle Menschen zu fügen hätten. Dieses Konzept ist ein altes und bewährtes Denkmuster, das sich für viele Menschen schon als nützlich erwiesen hat, aber es ist nur ein Denkmuster, nicht mehr. Wenn Sie ein anderes für sich kreieren, mit dem Sie besser zurechtkommen, ist das Ihr ganz persönlicher Zugang zur Welt und zu sich selbst und als solcher wunderbar. Nur zu!

Negative Energie – gibt's die überhaupt?

Wächtergeist-Darstellung auf einer Maske aus Malekula, Neue Hebriden

Don Eduardo, der peruanische Schamane, hat einmal gesagt: „Negative Energie, das ist kein Problem. Die kann man transformieren. Das einzige Problem in diesem Zusammenhang heißt: keine Energie!" So ist auch der Umgang mit diesem Thema nur ein weiteres Beispiel dafür, wie sich Denkmuster in allen Bereichen des Lebens auswirken.

Wenn es Ihrem Weltbild entspricht, daß negative Emotionen, Wut, Haß, Angst, Neid oder Gier, geopathische Belastungen durch Wasseradern und andere Störfelder und die Beeinträchtigungen durch Umweltverschmutzung, Radioaktivität und Elektrosmog ein negatives Energiepotential, das Einfluß auf Ihre Befindlichkeit hat, darstellen, ist es wichtig, sich Techniken zum Schutz davor oder zur Transformation anzueignen. Einige aus verschiedenen Traditionen werde ich Ihnen im Folgenden vorstellen.

Ich persönlich neige eher zu der Annahme, Energie an sich sei neutral. Es gibt sie eben in den unterschiedlichsten Erscheinungsformen. Für den Magier ist sie das „Material", das er beeinflußt und bewußt gestaltet, was sich wiederum materiell oder immateriell zeigen kann. Er zählt dazu vor allem die Kraft der Gedanken, Vorstellungen und Emotionen, die jeweils entsprechende Auswirkungen in der und auf die Materie, unseren Körper ebenso wie unser Umfeld, haben. Auch dazu gibt es bewährte Techniken des Umgangs und der Anwendung.

Ich möchte also zwei grundsätzlich unterschiedliche Zugänge behandeln, die selbstverständlich beide funktionieren, und Ihnen jeweils entsprechende konkrete Ratschläge anbieten:

1. Energie kommt von außen, von einer von mir getrennten Quelle und Ursache, hat aber Einfluß auf mich (eine Mischung aus Vorstellungen der Ersten und der Zweiten Ebene der Realitätswahrnehmung):

In diesem Weltbild ist es natürlich wichtig, genau zu unterscheiden, welche Energieformen für einen selbst förderlich oder schädlich sein könnten. Da geht es nicht mehr nur darum, sich gesund und ausgewogen zu ernähren, sondern eben Lebensmittel, die auch energetisch in Ordnung sind, zu konsumieren. Da genügt es nicht – um nur ein Beispiel zu erwähnen –, daß Hühner kein Fischmehl und keine Antibiotika im Futter bekommen, nein, da müssen sie auch artgerecht und „glücklich" leben und auf Wiesen herumspazieren. Im Sinne des schamanischen Respekts vor allen Wesen in der Natur ist das sicher auch bedeutsam.

Auch die Ergebnisse der radiästhetischen Untersuchung einer Wohnung haben große Bedeutung. Es schläft sich besser fern irgendwelcher Wasseradern und Hochspannungsleitungen. Und auch alle anderen Belastungen durch eine hochtechnisierte Umwelt können sich störend und schädigend auswirken. Es gibt inzwischen auf der materiellen Ebene eine ganze

Reihe von Vorrichtungen zum Schutz gegen Strahlungen, bis zur Einrichtung richtiger Schutzräume für den schlimmsten Fall der Fälle, einen atomaren Zwischenfall. Wenn Ihnen diese Sicht der Welt am besten entspricht, ist es sicher gut, sich von einem erfahrenen Pendler oder Rutengeher beraten zu lassen und Ihr Umfeld entsprechend einzurichten und abzuschirmen.

Und ebenfalls nicht zu unterschätzen ist der Einfluß, den Mitmenschen, die uns übel wollen oder uns beneiden, auf die eigene Befindlichkeit haben. Sollten Sie sich solchen unfreundlichen Gedanken und Absichten ausgeliefert fühlen, wäre es nützlich, sich ganz bewußt dagegen zu schützen. („Sich und andere schützen" in „Magie ist keine Hexerei"). Nur zur Erinnerung ein paar Hinweise, es handelt sich dabei um Visualisierungen:

- Sie können mit Hilfe einer imaginierten Wand aus Licht um Sie herum verhindern, daß unangenehme, unfreundliche Gedanken und böse Wünsche zu Ihnen durchdringen und sich in Ihrem Leben manifestieren.

- Sie können sich selbst mit Sonnenstrahlen oder mit Licht in jeder beliebigen, Ihnen wohlgefälligen Farbe innerlich ausfüllen und sich so gegen jedes Eindringen unerwünschter Energien wehren.

- Sie können Ihren Schlaf- oder Arbeitsplatz mit einem visualisierten Feuer- oder Wasserkreis abschirmen.

Ihrer Phantasie sind keine Grenzen gesetzt, alles, was Ihnen als hilfreiche, schützende Vorstellung erscheint, erfüllt diesen Zweck auch in der äußeren Welt. So hat mir kürzlich eine Bekannte erzählt, daß sie mit einem solchen Schutzkreis ihren Chef erfolgreich davon abhalten konnte, wie früher in allen ihren Unterlagen und Papieren herumzukramen. Er setzte sich nicht einmal mehr auf ihrer Schreibtischkante nieder, wie er es bisher getan hatte und bei anderen Mitarbeitern auch weiterhin tut.

Auf jeden Fall können Sie darauf vertrauen, daß jeder Mensch dazu imstande ist, sich selbst energetisch zu schützen. Er muß es nur tun und nicht nur „versuchen“, wie ich es oft von Leuten formuliert höre. Der Begriff „Versuchen“ inkludiert schon die Möglichkeit des Scheiterns, des Mißlingens. Er drückt also Zweifel aus, der dem bewußten magischen Akt Energie und Ausrichtung raubt, die Absicht von vornherein relativiert und schwächt.

Es gibt nichts zu beweisen. Wenn wir davon ausgehen, daß wir als kleine Zauberlehrlinge nur über schwache Kräfte verfügen, verfügen wir nur über schwache Kräfte. Wenn wir hingegen der festen Überzeugung sind, daß jedem Menschen ein ungeheures geistiges Potential zu eigen ist, das nur benützt und zielgerichtet eingesetzt werden muß, erreichen wir, was wir wollen. Sie wählen also selbst Ihre Sicht der Dinge und die Macht Ihres Geistes. Die Auswirkungen in der alltäglichen Wirklichkeit bestätigen nur unsere Annahmen.

Innerhalb dieser Sichtweise bewegen sich auch alle Heiler, die auf irgendeine Weise schädliche Energie entfernen und gute, hilfreiche zuführen. Sei es nun, daß sie irgendwelche materiellen Heilmittel wie Steine oder Kräuter einsetzen oder sich selbst als Kanal für kosmische oder göttliche Energien betrachten. Es gibt viele schamanische Praktiken, die auf dieser Annahme beruhen, wie das Absaugen von Krankheiten oder das Tragen von Amuletten.

2. Energie ist einfach nur Energie, ist in uns und um uns in vielen verschiedenen Formen und unterschiedlicher Intensität vorhanden. Wir sind Energie, der ganze Kosmos ist Energie. Alle unsere Erfahrungen in der Außenwelt spiegeln den Zustand in unserer Innenwelt. Es gibt eine Art Resonanz zwischen unseren Gedankenmustern und dem, was wir als auf uns von außen zukommend erleben.

Dementsprechend gibt es keine „gute" oder „schlechte" Energie, sie ist immer das, was wir daraus machen. So würde ein Kahuna, ein hawaiianischer Schamane, niemals sagen, daß es auf diesem Planeten schädliche, krankmachende Orte gibt. Er würde nur herausfinden wollen, welche Plätze und Zeiten wofür besser oder weniger gut geeignet sind.

Wenn sich zum Beispiel ein Mensch geschwächt und ausgelaugt fühlt, am Morgen nicht auf Touren kommt oder für einen besonderen Tag auch besonders aufgeladen sein möchte, kann er durchaus den vorübergehenden Aufenthalt auf einem Kraftpunkt, einer Zone mit erhöhtem energetischen Niveau, als wohltuend empfinden. Geht es aber eher darum, zur Ruhe zu kommen, Spannungen abzubauen und sich wieder mehr nach innen zu wenden, ist es oft angenehm, auf einer Zone mit niedrigerer Schwingung den Überschuß an Aktivität und Extrovertiertheit loszuwerden.

Kahunas gehen mit bloßen Füßen über glühende Lava und erleiden auch bei mehreren tausend Grad Hitze keine Verbrennunen. Sie begründen die Tatsache, daß ihnen das nicht von jedermann nachgemacht werden kann, damit, daß gewisse Energien eben für manche Leute zu stark sind, für andere aber nicht. So gibt es ihrer Ansicht nach keine geopathischen Bereiche, sondern nur Energieformen, zu denen man – noch – kein harmonisches Verhältnis hat. Mit anderen Worten: Wir haben immer die Wahl, ob wir mit einem bestimmten Kraftfeld gut zurechtkommen wollen oder nicht. Wenn unsere Einsicht in die Notwendigkeit des Harmonisierens oder unser Wunsch danach groß genug ist, geht es nur noch darum, die entsprechenden Methoden dazu anzuwenden.

In einem Seminar in einem nüchternen Hotelsaal erlebte ich einmal mit, wie sehr eine Teilnehmerin unter der Neonröhrenbeleuchtung litt. Ihre Augen waren rot und tränten, ihre Aufnahmefähigkeit für den Unterrichtsstoff war durch ihr beeinträchtigtes Wohlbefinden eingeschränkt. Die Lösung war folgende Technik, die sich im übrigen auf alles anwenden läßt, was Sie als unangenehm und belastend empfinden:

> Stellen Sie sich eine freundlich, weiße Wolke vor. Färben Sie diese in ihrer Lieblingsfarbe oder in derjenigen ein, die sich für Sie im Moment als wohltuend und förderlich anfühlt. In diese Wolke hüllen Sie nun das störende Objekt, die bedrohliche Situation oder den Menschen, mit dem Sie sich gerade schwer tun, ein. Machen Sie sich ein möglichst klares, sinnlich detailreiches Bild vom Ergebnis dieser Aktion und freuen Sie sich an dem verwandelten Bild. Noch eindrucksvoller für Ihr Unterbewußtes wird die ganze Geschichte, wenn Sie die imaginierten Vorgänge auch noch pantomimisch darstellen, also wirklich durch Gesten unterstreichen. Ihr KU, das alle Körperfunktionen steuert, übernimmt diese Visualisierung gerne und teilt den entsprechenden Organen sofort mit, daß es keinen Grund mehr zur Aufregung gibt.

Die junge Frau im genannten Seminar spürte den Effekt unmittelbar und hörte auf, mit irgendwelchen äußeren Faktoren zu hadern. Ihre Augen brannten nicht mehr, der Kurs konnte auch für sie weitergehen.

Eine andere wirkungsvolle Methode, um Energie – in welcher Form auch immer – zu transformieren, besteht darin, sich ein Symbol dafür zu erschaffen und dieses zu verwandeln. Dafür gehen Sie, wie ab Seite 185 beschrieben, in den Inneren Garten und suchen sich dort eine einigermaßen glatte, ebene Fläche. Einen Tisch, eine Steinplatte, ein Stück englischen Rasens, ganz egal. Auf dieser Fläche erschaffen Sie jetzt einen Gegenstand, der für Sie stellvertretend für die unerwünschte Gegebenheit steht, einen Stein, ein Gefäß, einen Ball, ein Werkzeug, was auch immer. Und diesen Gegenstand verändern und verwandeln Sie nun so lange, bis er Ihnen gefällt und Sie keine Abneigung mehr dagegen fühlen. Auf einer symbolischen Ebene haben Sie damit die Harmonie zwischen Ihnen selbst und dem Objekt Ihrer Abneigung hergestellt. Das wirkt sich unmittelbar auch in der alltäglichen Wirklichkeit aus. So ist es und so wird es sein.

Um sich mit einem Menschen, mit dem Sie sich gerade in einem Konflikt befinden – unabhängig davon, ob es sich nur um unterschwellige Spannungen und Animositäten handelt oder ob der Krach schon handfest stattfindet –, energetisch abzustimmen und zu harmonisieren, stellen Sie sich eine Achterschlinge aus Licht vor, in deren einer Schlaufe Sie selbst stehen und in deren anderer sich ihr Feindbild befindet. Ziehen Sie in Gedanken diese Schlinge ein paarmal nach, umgeben Sie bewußt sich selbst und ihr Gegenüber mit diesem strahlenden Licht. Wählen Sie dafür wieder die Farbe, die Ihnen richtig und angemessen vorkommt. Im Zweifelsfall ist blau eine gute Empfehlung.

Für alle diese Visualisierungen gilt wie immer, daß es nicht eine Frage der Dauer und der häufigen Wiederholung ist, wie wirkungsvoll sie sich in der Materie manifestiert. Es ist vielmehr nur von Ihrer bewußten, konzentrierten Ausrichtung, von Ihrer redlichen Absicht und von Ihrem Vertrauen in sich selbst und dieses Alte Wissen abhängig, wie erfolgreich Sie meine Anregungen umsetzen werden.

Außerdem möchte ich Ihnen raten, sich nicht zu ausführlich mit irgendwelchen, von Ihnen als negativ empfundenen Einflüssen zu beschäftigen, weil alle Gedanken eben auch Energie sind und diese in die Richtung fließt, wo Ihre Aufmerksamkeit ist. Das heißt im Klartext, Sie stärken durch Ihre Gedankenkraft in diesem Fall genau den Zustand, der Ihnen so unangenehm und bedrohlich erscheint.

Geben Sie den Dingen, Situationen und Personen, die Ihnen gegen die Natur gehen, nur so viel Beachtung, wie zur Analyse des Problems notwendig ist, beschäftigen Sie sich aber mit größtmöglichem Einsatz mit den Lösungsmöglichkeiten. Damit erhalten die letzteren Kraft und Gewicht und auch Ihre persönliche Befindlichkeit bessert sich zusehends.

Don Eduardo empfahl uns immer, uns einem potentiellen Gegner gegenüber nicht als breite Zielscheibe aufzubauen. Er sagte: „Verhaltet euch wie ein geschickter Boxer, duckt euch weg! Seid nie dort anwesend, wo der Gegner hinschlägt! Nichts läßt seine Kraft schneller verpuffen, als ins Leere zu schlagen.“ In diesem Sinn haben auch Sie immer und überall die Option, sich abzuwenden und einfach wegzugehen. Auch das ist eine durchaus brauchbare und wirkungsvolle Möglichkeit, sich unerwünschten Einflüssen zu entziehen. Das kann sich innerlich oder äußerlich abspielen, wie auch immer. Die anderen sind die anderen, sie haben die Bedeutung, den Raum in Ihrem Leben, die oder den Sie ihnen geben. Es ist nicht Ihre Aufgabe, die anderen zu missionieren, ihnen Ihr Weltbild einzureden, sondern selbst mit Ihrem privaten und beruflichen Umfeld und mit Ihrem eigenen Innenleben in Einklang zu stehen. Nur darum geht's!

Und ich denke, damit ist jeder von uns für die nächsten paar Tage, Wochen und Jahre ausreichend beschäftigt. Oder etwa nicht?

Selbstliebe und Selbstwertgefühl

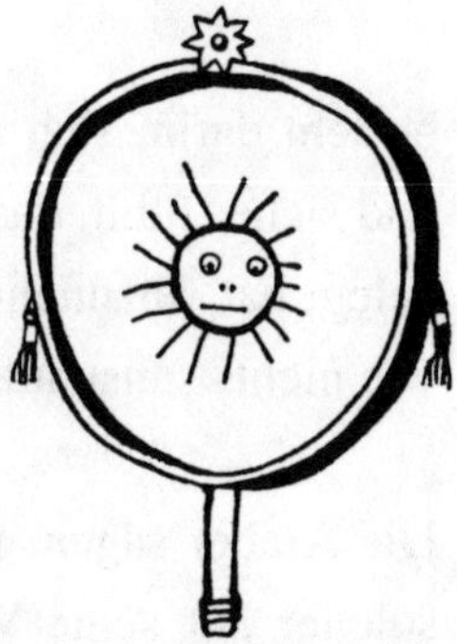

Sonnensymbol auf einer Trommel der Tschuktschen

Das ist meiner Meinung nach das Schlüsselthema schlechthin, nichts anderes wirkt sich so unmittelbar und grundlegend in allen Lebensbereichen aus. Ja, ich gehe sogar noch weiter: Ich bin davon überzeugt, daß es sich dabei um unsere wichtigste Aufgabe und Pflicht handelt, der wir uns auf diesem Planeten, in diesem Körper und in all unserer Begrenztheit stellen müssen. Das heißt, ich halte die Liebe zu sich selbst nicht für einen Luxus, den sich ein paar abgehobene Esoteriker gönnen, sondern für den eigentlichen Sinn unseres Daseins als Menschen. Ich behaupte, wir haben nicht einmal die Wahl, ob wir uns selbst schätzen und achten wollen oder nicht, wir müssen uns irgendwie dazu durchringen – wenn nicht in diesem Leben, dann in einem der nächsten –, wenn wir unseren Platz im Universum einnehmen und ausfüllen wollen.

Die Liebe, der Respekt, die Hochachtung vor uns selbst machen uns erst vollständig, entfalten alle unsere Qualitäten und befähigen uns, anderen Menschen mit den gleichen Gefühlen zu begegnen.

Damit will ich nun keineswegs sagen, daß das eine leichte Aufgabe ist oder daß jeder von uns sowieso der oder die Größte ist. Nein, die Kunst besteht darin, sich als beschränktes Wesen, das sich nicht immer stark und sicher fühlt, das Fehler macht und sich manchmal die Latte zu hoch gelegt hat, anzunehmen. Das ist nicht immer einfach, aber es lohnt sich wie nichts sonst auf der Welt.

Die Araber sagen, jeder Mensch sei der Fingerabdruck Gottes und als solcher auf seine Weise vollkommen. Für einen religiösen Menschen muß es daher selbstverständlich sein, sich als Gottes Geschöpf stimmig und mit allem ausgestattet zu fühlen, was er für hier und jetzt und die zu absolvierenden Lernschritte in dieser Existenz braucht. Damit rede ich nicht dem Hochmut das Wort, schließlich gehören Wachsen und Lernen zum Menschsein dazu und enden erst im Stadium der Erleuchtung, der Wiedervereinigung mit dem All-Einen, dem Höchsten Bewußtsein. Der Mensch ist ein Wesen, das sich immer zwischen Polaritäten (Tag - Nacht, Krieg - Frieden, Gesundheit - Krankheit, Wärme - Kälte, und vielen mehr) bewegt und sich nach der Versöhnung der Gegensätze sehnt. Sein ganzes Leben ist ein Pendeln zwischen Polen und Ringen um Balance.

Es geht also immer um diese Gratwanderung zwischen dem Wissen um unsere Beschränktheit und dem, daß jeder von uns einmalig und unersetzlich ist. Wir sind gleichzeitig winzige, unbedeutende Staubkörnchen im Kosmos, aber auch die entscheidenden Rädchen, ohne die sich die große „Weltmaschine" niemals so bewegen könnte, wie sie es tut. Klein, schwach und unwichtig, aber eben auch großartig, wunderbar und einmalig! Absolut vollkommen als die einzigen Wesen, die genau diesen einen – Ihren, meinen, unseren – Platz ausfüllen können, und gleichzeitig so unvollkommen, gemessen an unserem Höheren Selbst und dem idealen Konzept, das wir in uns tragen.

Lieben heißt nicht, jemanden Perfekten anzubeten, sondern jemanden so anzunehmen, wie er/sie ist. Mit Ecken und Kanten, mit Schwächen und Fehlern, seien sie nun innerlich unsichtbar oder äußerlich offensichtlich, materiell oder immateriell. Lieben heißt nach hawaiianischer Auffassung „glücklich sein mit ...“ und meint alles, was die Freude bei allen Beteiligten vermehrt. Alles andere ist in dem Begriff ALOHA nicht enthalten, ist einfach etwas anderes. Abhängigkeit, Kontrollbedürfnis, Macht, Schuldgefühl oder Angst vor der Alternative, was auch immer. Aber nicht Liebe.

Dieser Gedanke ist Ihnen sicher nicht fremd, sofern er sich auf einen anderen geliebten Menschen oder ein anderes Wesen bezieht. Das muß nicht bedeuten, daß Sie das bisher immer problemlos geschafft haben, aber Sie haben auf jeden Fall schon davon gehört und darüber nachgedacht. Aber wie steht's mit Ihnen selbst? Lieben Sie sich? Können Sie in den Spiegel schauen und ganz ohne Sarkasmus feststellen, daß Ihnen der Typ, der Ihnen da begegnet, sympathisch ist? Daß Sie zwar um seine kleinen und größeren Probleme wissen, aber ihm seine Schwächen nachsehen können? Daß Sie froh sind, der oder die zu sein, der oder die Sie gerade sind?

Ich bin immer wieder verblüfft, daß sogar Menschen, die vom Schicksal begünstigt erscheinen, große Schwierigkeiten mit dem Selbstwertgefühl haben. So kenne ich eine junge Frau, die aussieht wie der Traum aller Männer und dazu noch eine begabte Künstlerin ist. Zudem ist sie mit einem gut situierten Mann verheiratet, den sie sehr liebt, und hat einen zauberhaften, gescheiten kleinen Sohn. Glauben Sie, daß ihr das alles bisher in irgendeiner Weise geholfen hat, mit sich im Reinen zu sein?

Nein, keineswegs. Es geht also offenbar um etwas anderes als um die äußeren, quantifizierbaren Fakten.

In unserem Kulturkreis ist es bedauerlicherweise üblich, alles Gute und Schöne im Leben für selbstverständlich zu nehmen, auch an sich selbst. Sogar, wenn dieser erfreuliche, erfolgreiche, positive Anteil bei weitem überwiegt, wird ihm keine angemessene Beachtung geschenkt. Dagegen wird sehr viel Aufmerksamkeit auf die noch immer nicht ausgemerzten Fehler und Schwächen gelenkt. So ist es möglich, daß diese bezaubernde Frau sagt, sie könne ja schließlich nichts für ihre Schönheit, die sei ihr in die Wiege gelegt worden. Das stimmt zwar einerseits, natürlich gibt es so etwas wie Vererbung, aber andererseits auch wieder nicht, weil Schönheit ja doch mehr ist als nur ein paar ebenmäßige Züge und eine gute Figur.

Damit meine ich, daß auch das mit der Vererbung heute naturwissenschaftlich nicht mehr so zwingend gesehen wird. Heute weiß man, daß wir nur zirka 10% unseres genetischen Potentials umsetzen. Jede Zelle unseres Körpers verfügt über 80-100.000 verschiedene Geninformationen, von denen nicht mehr als 10.000 aktiviert sind. Der Rest schlummert im Talon. Welche 10.000 davon ausgewählt werden, hängt nach schamanischer Auffassung von den jeweils dazu passenden Denkmustern ab. Die Naturwissenschaft hat diesen Zusammenhang noch nicht überprüft. Aber sie hat herausgefunden, daß es im Laufe eines Menschenlebens da durchaus Veränderungen gibt. So hat ein Mensch, der schwer erkrankt ist, nachweislich andere Bereiche seines Genpotentials im Einsatz als zu dem Zeitpunkt, als er noch gesund war. So eindeutig dürfte das also mit der Vererbung auch nicht sein.

Wir erben ein reiches Spektrum an Möglichkeiten und treffen zumindest unbewußt eine Auswahl, welchen Teil wir in diesem Leben nützen wollen. Das hat auch den durchaus tröstlichen Aspekt, daß auch Erbkrankheiten oder vererbte Prädispositionen nicht zwingend sein müssen. Selbst wenn schon die Großmutter und die Mutter Brustkrebs hatten, besteht keine Notwendigkeit, sich selbst für schwer gefährdet zu halten, sofern mit dem genetischen Material nicht auch die Denkmuster übernommen werden. Alle Krankheiten, wie auch alles andere in unserem Dasein, existieren zuerst im Bewußtsein, in bestimmten krankmachenden Gedanken, und manifestieren sich erst dann in der Materie, im Körper. Sofern Sie also bewußt oder unbewußt eine gute Wahl bei der Aktivierung Ihrer Gene treffen, können Sie sich getrost darauf verlassen, daß Sie dem unerwünschten, schwierigen Beispiel Ihrer Verwandten nicht nachfolgen werden.

Schönheit ist also zumindest eine Kombination von Erbgut und guter Auswahl aus demselben. Außerdem stünde es ja auch nach konventioneller Auffassung jedermann frei, sich kugelrund zu futtern, ungepflegt herumzulaufen oder ständig besonders unfreundlich dreinzuschauen. Das würde der Schönheit sehr bald und wirkungsvoll Abbruch tun. Nicht wahr?

Das mit den Begabungen paßt genau dazu. Picasso hat einmal formuliert, was es damit auf sich hat: „10% Talent und 90% Schweiß." So ist das nämlich. Ich bin fest davon überzeugt, daß es gar keinen völlig unbegabten Menschen gibt, die Schwierigkeit kann nur darin bestehen, eine sehr ungewöhnliche Begabung herauszufinden und entsprechend zu fördern.

Nun lebt diese erwähnte bezaubernde Person auch noch mit einem wohlhabenden Mann. Auch das ist nicht unbedingt nur das reine Honiglecken. Wenn wir davon ausgehen, daß alle Menschen ihr Rucksackerl voll mit Problemen (= Hausaufgaben) mitbekommen haben, kann das nur heißen, daß die Schwierigkeiten in diesem Fall nicht materieller Natur sind. Das macht sie um nichts weniger schmerzlich und leichter bewältigbar. Und auch der wohlgeratene kleine Sohn wird zwar als Geschenk des Himmels betrachtet, doch der eigene Beitrag zu seiner glücklichen Entwicklung wird geflissentlich übersehen.

Die Hawaiianer kennen eine ganz simple, aber wirkungsvolle Methode, Liebe zu sich selbst zu entfalten. Und die geht so:

Setzen Sie sich entspannt hin und schließen Sie die Augen. Und nun loben Sie sich eine ganze Minute lang selbst. Erzählen Sie sich selbst, was Sie an sich schätzen und mögen. Das können äußere oder innere Eigenschaften sein, körperliche oder charakterliche Stärken, auch ganz kleine, scheinbar unwichtige Details. Ich war zum Beispiel in meiner Kinderzeit sehr von einem winzigen Muttermal mitten auf meinem linken Handgelenk begeistert, das außer mir kaum jemand bemerkt hat.

Beschreiben Sie sich selbst, was Ihre Stärken sind, besinnen Sie sich auf alles, was Ihnen schon bisher gut gelungen ist. Auch wenn da und dort nicht alles ganz hundertprozentig geklappt hat, anerkennen Sie den Teil, mit dem Sie zufrieden sind. Es geht nicht um die „objektive" Bedeutung Ihrer Leistung, es geht nur um Sie selbst und Ihre Einstellung zum Thema.

Loben Sie alles, was Ihnen einfällt, sofern Sie es ehrlich anerkennen können. Aber nur das, andernfalls funktioniert diese Technik nicht. Ihr Unterbewußtsein, KU, läßt sich nämlich nicht beschummeln. Ihre subjektiven Erfolge jedoch loben Sie uneingeschränkt, ganz ohne „Aber“. Lassen Sie ganz bewußt alle „Aber“ weg, sie gehören nicht hierher. Erwähnen Sie nur die eindeutig positiven Aspekte, seien sie nun körperlich oder seelisch, charakterlich oder handwerklich. Alles, was Sie wirklich und wahrhaftig mögen.

Und wenn Sie damit fertig sind – ich wünsche Ihnen, daß Sie mit der einen Minute gar nicht auskommen –, loben Sie Ihre Umgebung und Ihre Lebensumstände. Nehmen Sie nichts für selbstverständlich, auch nicht die banalsten Dinge. Freuen Sie sich daran, daß Sie ein Dach über dem Kopf haben, durch das es nicht hereinregnet, daß Ihr Kühlschrank wohlgefüllt ist, daß Sie viele schöne Sachen zum Anziehen besitzen, daß Sie gerade in diesem Moment in einem bequemen Fauteuil sitzen, daß Ihr Tisch nicht wackelt, daß Sie ein komfortables Biobett zum Schlafen haben, in dem sich Ihr Rücken allnächtlich gut erholen kann, daß Sie gute Freunde und eine hilfsbereite Nachbarin haben, daß Sie über einen angenehmen Arbeitsplatz verfügen und sinnvolle Arbeit leisten, daß Sie sich einen Urlaub gönnen und fremde Kulturen kennenlernen können, daß Sie im großen und ganzen gesund sind.

Beachten Sie Ihren Gummibaum und genießen Sie den Sonnenschein. Und wenn's gerade draußen kühl und feucht sein sollte, loben Sie Ihre Heizung. Nehmen Sie sich auch dafür mindestens eine Minute Zeit.

Wenn Sie inzwischen auf den Geschmack gekommen sind, wenn sich in Ihnen bereits Wohlbefinden ausbreitet, wenn Sie also weitermachen wollen, loben Sie Ihren Körper in allen Einzelheiten. Anerkennen Sie jedes einzelne Organ und danken Sie ihm für die vielen Jahre, die es schon so verläßlich seine Aufgabe erfüllt. Bedanken Sie sich bei Ihren Füßen, die Sie unabhängig machen und durchs Leben tragen, bei Ihren Händen, die so geschickt sind, die festhalten und streicheln können, bei Ihren Augen, die Ihnen so viele schöne Eindrücke vermitteln, bei Ihren Ohren, die Sie die Stimmen Ihrer Lieben hören und Musik genießen lassen. Und so weiter und so fort. Sicher fallen Ihnen noch viele, viele wunderbare Aspekte dazu ein.

Sollten Sie gerade in der Situation sein, daß ein Teil Ihres Körpers beeinträchtigt ist, bedanken Sie sich bei ihm für die Zeit davor und erinnern Sie ihn daran, wie er sich damals gefühlt hat. Stellen Sie in Ihrer Vorstellung das Lebensgefühl Ihrer gesunden Zeit her und freuen Sie sich daran. Das ist eine wesentlich bessere Voraussetzung, um wieder gesund zu werden, als die ständige Beschäftigung mit dem augenblicklichen Problem.

Gedankliche Aufmerksamkeit ist Energie, die dorthin fließt, worauf Sie Ihre Aufmerksamkeit richten, und den Fokus Ihrer Gedanken verstärkt. Das heißt, wenn Sie immer ans Kranksein oder ein anderes Problem denken, verstärken Sie das Kranksein oder eben das erwähnte Problem. Daher empfehle ich Ihnen dringend: Denken Sie an das, was Sie wollen und wünschen, was Ihnen gefällt und Freude bereitet und nicht an das, was Sie nicht wollen und ablehnen!

Wichtig ist in diesem Zusammenhang auch noch, daß es nicht darauf ankommt, besonders große und wichtige Ereignisse und Eigenschaft zu erwähnen. Es geht nur um das bewußte Erschaffen einer bestimmten Energieform, es geht um Liebe und Anerkennung. Und es spielt dabei überhaupt keine Rolle, welchen Stellenwert Ihre positiven, Ihre von Ihnen positiv vermerkten Aspekte im öffentlichen Leben oder in den Augen von Außenstehenden haben. Egal, ob es sich um Kleinigkeiten oder Heldentaten handelt, der entscheidende Punkt besteht darin, sich selbst, sein Verhalten und seine Leistung anzuerkennen. Wer sollte besser als Sie selbst wissen, was Ihnen wieviel bedeutet, was Ihnen wirklich gefällt?

Und wenn Sie sich und alles in Ihnen und um Sie herum ausreichend gelobt – die Hawaiianer sagen, gesegnet – haben, öffnen Sie Ihre Augen wieder und nehmen Sie bewußt wahr, wie Sie sich jetzt fühlen. Es geht Ihnen jetzt deutlich besser als vor fünf Minuten, stimmt's? So einfach ist das. Machen Sie diese kleine Übung zu einem Teil Ihres täglichen Morgen- oder Abendrituals, so selbstverständlich wie Zähneputzen, und Sie werden in kurzer Zeit bemerken, daß Sie aufblühen, mehr Energie haben und erfolgreicher sind.

Noch einmal sag' ich es, weil es nicht oft genug betont werden kann: Kein „Aber"! Nichts im Stil von „Das hab ich zwar ganz gut hingekriegt, aber der Soundso macht's noch viel besser." oder „Ja, ich hab zwar ganz hübsche Beine, aber die Hüften …" Es geht hier nur um die Anerkennung dessen, was Sie ehrlich und uneingeschränkt anerkennen können. Daß Sie noch ein paar andere weniger zufriedenstellende Facetten haben, steht nicht zur Debatte. Die sind Ihnen sowieso bekannt, und die Gedanken daran vergällen Ihnen das Leben schon genug. Ich will

Ihnen auch nicht weismachen, daß Sie fehlerlos und vollkommen im herkömmlichen Sinn seien, das würden Sie weder sich selbst noch mir glauben. Ich möchte Ihnen nur erklären, was Sie mit ständiger negativer Kritik anrichten können. Und daß es durchaus auch anders geht.

Lernen Sie, Ihr Bewußtsein positiv und konstruktiv auszurichten, und machen Sie damit den besten Teil Ihrer Person groß und stark!

Zurück zu unserer jungen Künstlerin: Als ich ihr den Vorschlag machte, sich selbst zu segnen, um ihre Liebe zu sich selbst zu vertiefen, antwortete sie mir allen Ernstes, ihr fiele nichts ein, was sie an sich selbst gut finden könne. Über das, was ihr an sich selbst nicht gefiele, könnte sie aber eine ganze Stunde lang reden. – Ist das nicht schlimm? Mich hat diese Antwort sehr betroffen gemacht. Auch weil sie zeigt, wie wenig Selbstliebe mit sogenannten „objektiv glücklichen" Faktoren zu tun hat. Eine andere junge Frau, meine Lieblingsbuchhändlerin, die vom Schicksal – wenn man so will – längst nicht so begünstigt worden ist, die weder so schön noch so reich und sozial angesehen ist, die kranke Eltern zu betreuen hat und allein lebt, hat mir im Gegensatz dazu kürzlich erklärt: „Ich mag mich sehr. Und wie!" Und hat dabei ganz schelmisch gekichert. Was meinen Sie, welcher von den beiden es besser geht, welche von beiden sich wohler fühlt und dieses Wohlbefinden und diese innere Harmonie auch ausstrahlt? – Eben.

Eine Freundin von mir, attraktive und erfolgreiche Unternehmerin in einer Branche, in der momentan fast alle stöhnen und jammern, kämpft trotz allem mit dem gleichen Dilemma. Als ich sie auf ihre tolle Karriere ansprach, meinte sie, sie habe eben ein bißchen Glück gehabt. Als ich sie fragte, ob sie mir jetzt allen Ernstes erklären wolle, daß ihre Kunden zu ihr und nicht zur Konkurrenz gingen, weil sie halt Glück habe und nicht weil ihre Arbeit besonders geschätzt werde, wurde sie doch nachdenklich.

Männer haben im übrigen ähnliche Probleme, es geht ihnen kein bißchen besser als den Frauen. Sie haben nur kulturspezifisch einen anderen Umgang mit ihrem mangelnden Selbstwertgefühl gelernt. Zum männlichen Rollenverhalten gehört, daß man alles tut, um dieses Manko zu verbergen, daß man sich mühevoll, aber doch drüberschwindelt, es mit Präpotenz zu kaschieren versucht. Wobei der Größenwahn nur die andere Seite der Minderwertigkeitskomplex-Medaille ist. Beide sind ein Zeichen dafür, daß jemand mit sich und seinem beschränkten menschlichen System nicht im Reinen ist, daß er sich nicht so, wie er ist, in dieser ganz persönlichen Mischung von Stärken und Schwächen annehmen kann. Und daß er einen wesentlichen Teil seines energetischen Potentials dazu verwendet, eine Rolle zu spielen und sein wahres Selbst zu verbergen.

Ich bin mit einem Schriftsteller befreundet, dessen Bücher in viele Sprachen übersetzt werden und sich zu Millionen verkaufen. Das beschert ihm nicht nur ein gutes Einkommen, sondern auch viel Zuneigung und Anerkennung von seiten seiner Leser. Auch sein familiäres Umfeld ist liebevoll und harmonisch. Aber all das rettet ihn nicht davor, immer wieder in Ängste und depressive Zustände zu kippen, die mit den äußeren Gegebenheiten seines Lebens nichts zu tun haben. Dahinter steckt auch bei ihm ein beschädigtes Selbstwertgefühl, die ständige Sorge, nicht gut genug zu sein.

Es gibt allerdings in meiner Arbeit auch wahre Sternstunden, Begegnungen mit Menschen, die auf dem Weg zu sich selbst schon ein gutes

Stück vorangekommen sind. Einmal hatte ich mit einer Frau zu tun, die seit vier Jahren krebskrank ist. Zudem geschieden und auch sonst, von außen betrachtet, in ihren Lebensumständen ein bißchen benachteiligt. Ich wollte ihr helfen und sie stärken, indem ich ihr die oben beschriebene Übung beibrachte. Schon während sie sich still in Gedanken selbst lobte, ging ein Strahlen über ihr Gesicht. Und als sie die Augen wieder geöffnet hatte, sagte sie ganz ruhig und gelassen: „Ich bin eine tolle Frau." Und das ist sie, fürwahr.

Die Liebe zu sich selbst, Selbstachtung und Selbstwertgefühl sind nicht nur die notwendige Voraussetzung für die Entfaltung aller unserer Talente und Fähigkeiten, sie sind auch die Basis aller unserer Beziehungen nach außen, zu anderen Menschen und allen anderen Wesen und Situationen. Wenn in der Bibel steht, wir sollten den Nächsten wie uns selbst lieben, kann das ja nur dann zu einem erfreulichen Ergebnis führen, wenn wir uns selbst zuvörderst wirklich lieb gewinnen.

Angst, Mißachtung und negative Kritik führen zu Streß und in der Folge zu Verspannungen im Körper. Alle Muskelfasern, die die inneren Organe und die Nervenstränge umgeben, sind angespannt und behindern das reibungslose, unauffällige Funktionieren dieser Bereiche. Der energetische Austausch ist beeinträchtigt, was auf lange Sicht krank machen kann, aber schon im Hier und Jetzt Wohlbefinden verhindert und sehr viel von unserer körperlichen und seelischen Kraft bindet.

Liebe und Anerkennung entspannen und lassen unsere Energie frei fließen. Jeder kennt das. Frischverliebte könnten Bäume ausreißen und brauchen nur ganz wenig Schlaf. Eine Arbeit, die uns viel Beachtung und Lob einbringt, geht uns ganz unversehens und locker von der Hand. Auch ich bin beim Schreiben beflügelt, wenn ich höre, daß dieses noch unfertige Buch schon Vorschußlorbeeren in Form von zahlreichen Bestellungen erntet.

Und so geht es aus schamanischer Sicht eben nicht nur uns selbst als Person, sondern auch jedem von uns zum Zweck der Kommunikation personifizierten Körperteil, jedem Bereich unseres Lebens und jedem äußeren Umstand. Alles, was wir gering schätzen, wird schwach und klein, und alles, was wir segnen, wird groß und stark. Sehr simpel.

Niemand und nichts kann uns helfen und das Manko auffüllen, das in uns entsteht, wenn wir uns selbst nicht mögen, wenn wir uns selbst die wohlverdiente Wertschätzung nicht angedeihen lassen. Aus diesem Mißverständnis resultieren so viele gescheiterte Beziehungen, in denen jeder erwartet, daß der jeweilige Partner einen so lieben müsse, wie man es selbst bisher nicht vermag. Daß dadurch dann alles gut würde. Wenn es so ist, daß die Außenwelt nur die Innenwelt spiegelt, wovon ein Magier überzeugt ist, bekommen wir von anderen gerade so viel Zuneigung, wie wir uns selbst geben. Und daraus folgt – ich wiederhole mich –, wir haben gar nicht die Wahl, ob wir uns zur Selbstliebe entschließen wollen oder nicht, wenn wir in liebevoller Beziehung zu anderen Menschen leben möchten. Wir müssen.

Lieben Sie sich selbst, nehmen Sie sich selbst mit allen merkwürdigen und wunderbaren Aspekten Ihrer Person an, und Sie werden sehen, daß Ihnen die Herzen zufliegen, daß niemand mehr mit

Ihren Schwächen und Fehlern in Konflikt gerät, daß Ihr Höhenflug schon begonnen hat!

Solange Sie lieber wer anderer sein möchten, als Sie sind, solange Sie versuchen, mehr oder weniger perfekt eine Rolle zu spielen, dürfen Sie sich nicht wundern, daß Sie immer wieder bewiesen kriegen, daß Sie unglaubwürdig sind, daß Ihnen jemand nachzuweisen versucht, daß Sie Ihren Part eben doch nicht so gut beherrschen. Sie können nur wirklich gut und hundertprozentig Sie selbst sein, und zwar unvergleichlich besser, als es irgendein anderer könnte. Im „Sie selbst Sein" sind Sie von vornherein unschlagbar und meisterlich, absolut konkurrenzlos. Das ist doch verlockend, oder?

Ich verrate Ihnen ein Geheimnis, das Geheimrezept schlechthin für ein glückliches Leben, innerlich und äußerlich, für liebevolle Beziehungen zu sich und anderen:

Hören Sie auf zu vergleichen! Weder sich selbst mit anderen, die eigene Leistung mit der anderer, die eigenen Lebensumstände, Wohnung, Auto, Beruf, Freunde etc. mit denen anderer, noch Ihren jetzigen Partner mit einem verflossenen, dem einer Freundin oder mit Harrison Ford und Ihre jetzige Befindlichkeit mit einem früheren Zustand oder einem Gefühl, das Sie aus dem Kino kennen. Ihr jetziges Umfeld entspricht exakt Ihren momentanen Denkmustern, und das der anderen den ihren.

Fragen Sie sich vielmehr, wie es zur Ihrer jetzigen Situation gekommen ist, und ob nicht das meiste davon durchaus angenehm und passend für Sie ist! Segnen Sie die guten und freundlichen Seiten daran und nehmen Sie nur bei sich selber Maß! Vergessen Sie alle die dummen Sprüche wie „Eigenlob stinkt" und so! Mein kluger Freund Georg sagt immer: „Behalt Dich lieb, es zahlt sich aus!"

Die größte Macht, die effektivste Kraft ist die Liebe, und man muß auch damit, wie mit allem anderen im Leben, bei sich selber anfangen, will man diese Kraft nach außen tragen und anderen zukommen lassen. Sorgen Sie dafür, daß es Ihnen gut geht, daß Ihr Selbstwertgefühl im Lot ist, dann strahlen Sie das auch auf andere aus und kriegen von diesen Zuneigung zurück. Das ist der angenehme Nebeneffekt der Selbstliebe.

Mitleid und Mitgefühl

Kahuna Wahine, hawaiianische Schamanin, Petroglyphe

Das sind zwei Begriffe, die sehr oft miteinander verwechselt oder überhaupt als gleichbedeutend empfunden werden. Aber ich denke, daß es doch einen großen Unterschied macht, ob ich mit jemandem mitleide, also ebenfalls leide, oder ob ich fühlen kann, wie jemand anderem zumute ist, ohne aber gleichermaßen zu leiden.

Mitleid hat sehr viel mit Identifikation, also mit der Vierten Ebene der Wahrnehmung, zu tun. Dabei kann sich jemand so sehr in die Vorstellung von dem Problem oder der Krankheit eines anderen hineinbegeben, daß er auch die Befindlichkeit des Betroffenen übernimmt. Das geht zwar meistens nicht ganz so weit, daß beim Mitleidenden dieselbe Krankheit ausbricht, aber die allgemeine Unzufriedenheit mit dieser schlechten Welt, die Angst vor der nächsten Umweltkatastrophe oder dem dritten Weltkrieg und der Ärger über Mitmenschen, die sich nicht so verhalten, wie man es selbst – vielleicht auch im Sinne des anderen – gerne hätte, können doch die Befindlichkeit im Hier und Jetzt sehr beeinträchtigen.

Und wem hilft das wirklich? Mag ja sein, daß es demjenigen, der grad an sich und seinen Lebensumständen leidet, ein Gefühl von Anteilnahme und Verstandenwerden vermittelt, wenn sich ein Freund so sehr engagiert, daß er das Problem zu seinem eigenen macht. Aber – noch einmal frage ich das – verändert sich dadurch etwas zum Positiven? Tut eine Verletzung wirklich weniger weh, heilt sie schneller, wenn sich auch ein Zweiter mit-verletzt fühlt?

Ich habe den Verdacht, daß sogar das Gegenteil passieren kann, daß der Anlaß für so viel bemühte Anteilnahme festgehalten wird, um damit eben auch die Anteilnahme festzuhalten. „Geteiltes Leid ist halbes Leid" und „Wir sitzen im gleichen Boot …", lauter Formulierungen, die meinen Verdacht bestätigen, daß Mit-Leiden für etwas Wertvolles und Hilfreiches gehalten werden könnte. Wahr ist aber, daß ich einem Freund, dessen Boot leck ist – um bei diesem Bild zu bleiben –, viel besser helfen kann, wenn ich in einem anderen, intakten Boot sitze und ihn aus dem Wasser ziehe. Gemeinsam unterzugehen kann doch nicht die beste aller Lösungen sein.

Die subjektive Einstellung, man sei weniger einsam und vor allem weniger zuständig für sein Schicksal, wenn man bemitleidet wird, also „ganz arm" ist, ebnet natürlich auch einen bequemen Weg. Wenn man das Opfer ungerechter Schicksalsschläge ist, kann man sich durchaus auch in der Misere suhlen, jede Menge Zuwendung als „gerechten" Ausgleich einfordern und alles beim alten lassen. Wenn das jemandem genügt als Lebensinhalt, ist auch das gut so. Solange die anderen mitspielen, funktioniert dieses Modell wunderbar. Sollte die Bereitschaft der Mitmenschen, sich mit dem Wohl und Wehe des Leidenden zu identifizieren, irgendwann nachlassen, kann man sich ja immer noch selbst bemitleiden. Ausgiebig und endlos.

Und dann? Geht's irgendjemandem dadurch besser, daß er all seine Aufmerksamkeit auf die schrecklichen Umstände richtet, diese als Denkmuster wiederholt und verstärkt und seine selektive Wahrnehmung in keiner Weise relativiert? Daß er alles, was ihm auch in einer mißlichen Lage noch an Gutem widerfährt, ignoriert und eben auch noch den Sonnenschein so uminterpretiert, daß diese Sommerhitze sich wahrscheinlich boshafterweise auch noch gegen ihn persönlich richtet? Alle, zumindest alle, die sich des Lebens freuen, haben tendenziell etwas gegen ihn, den Armen, und seine Leidensgenossen. Oder sie sind zumindest in verwerflichem Maß unsensibel. Stimmt doch, oder?

Ich meine, Mit-Leiden ist nicht der Weisheit letzter Schluß, weil es den Status quo als unvermeidlich und als aus eigenem Vermögen unveränderlich hinnimmt. Weil es weder das eigene Potential zur Gestaltung der Wirklichkeit noch das der anderen einbezieht. Wie Sie schon bemerkt haben werden, geht es mir immer um dieses große, reiche Spektrum, das jeder Mensch in seinem Geist zur Verfügung hat und das es liebevoll und fröhlich zu nutzen gilt.

Im übrigen hat auch der Mit-Leider eine denkbar undankbare Rolle, er vergällt sich seine Befindlichkeit im Hier und Jetzt und erschafft sich durch die Übernahme von negativen Gedankenmustern selbst eine unerfreuliche Wirklichkeit. Nicht nur, daß er sich damit selbst außerstande setzt, dem Bemitleideten zu helfen, er reduziert auch noch sein eigenes Energiefeld und paßt es dem des anderen an.

So bin ich auch davon überzeugt, daß selbst vererbliche Prädispositionen zu bestimmten Erkrankungen weniger mit den genetischen Unentrinnbarkeiten zu tun haben als mit dem Übernehmen gewisser Glaubenssätze. Wie etwa dem: „Meine Großmutter hatte Brustkrebs, meine Mutter hatte Brustkrebs – sicher werde ich auch Brustkrebs kriegen." (Siehe Kapitel „Selbstliebe und Selbstwertgefühl") Gemäß diesen wird eben die Auswahl aus dem großen Topf der Geninformationen getroffen und umgesetzt. Erinnern Sie sich daran, daß sich schon in den Experimenten der Teilchenphysik herausgestellt hat, daß das anwesende Bewußtsein, die Erwartungen des beobachtenden Forschers subatomare Teilchen erst definieren, erst zu dem machen, als was sie dann in unserer alltäglichen Wirklichkeit erscheinen. Warum sollte das ausgerechnet in unserem materiellen Körper nicht gelten?

Und wenn es zudem so ist, daß sich diese Aktivierung, die Auswahl aus dem ganzen genetischen Potential im Laufe des Lebens verändern kann, lassen sich daraus einige Schlüsse ziehen:
Erstens heißt das meiner Meinung nach, es gibt eigentlich keine Erbkrankheiten, es sei denn, es wird auch das Denkmuster dazu mitvererbt. Daß schon Babys mit einem Gendefekt oder einer Infektion zur Welt kommen, kann ich wiederum nur aus dem größeren Zusammenhang eines Kontinuums von vielen Lebenszyklen begreifen. Es macht sicher keinen Sinn, wenn ich nur die kurze Spanne zwischen Geburt und Tod betrachte. Wahr ist allerdings auch, daß zum Beispiel bei zirka 25% der HIV-positiven Neugeborenen nach wenigen Monaten keine Infektion mehr nachweisbar ist, sie also durchaus ein gesundes Leben leben können. Eltern, die sich vorstellen können, daß es für ihr behindertes Kind eine – wenn auch vielleicht neue und unkonventionelle – Heilungschance gibt, helfen ihrem Kind viel mehr, diese zu finden, als Eltern, die eine einzige ärztliche Meinung als Urteil akzeptieren.

Zweitens eröffnet uns diese durch die Naturwissenschaft bestätigte Sichtweise ein großes Feld an Möglichkeiten, unser Leben, unseren Körper, unsere Gesundheit in eigener Verantwortung zu erschaffen und zu gestalten. Wenn es uns möglich ist, den problematischen, geschädigten Teil der Erbinformation zu aktivieren, können wir aufgrund geänderter, heilsamer Denkmuster auch durchaus den gesunden, starken Teil auswählen und einsetzen. Wer sollte uns daran hindern?

Und drittens ist dann das Mit-Leiden nur mehr als ein Versuch zu sehen, aus falschverstandener Solidarität im eigenen System ebenfalls die destruktiven Seiten hervorzukehren. Da wir ja alle potente Schöpfer unserer eigenen Wirklichkeit sind, gelingt natürlich auch ein solches Unterfangen nur zu oft.

Der/die kundige Magier/in weiß natürlich um diese Zusammenhänge und kann der gewöhnlichen Auffassung von Mitleid darum wenig abgewinnen. Das gilt auch für das Selbstmitleid. Er/sie erliegt nicht der Illusion, daß es im Menschenleben und auf diesem Planeten keine Probleme gäbe, ganz im Gegenteil. Es ist notwendig, sich niemals die Welt schönzulügen und ein Problem als solches anzuerkennen, um es auch lösen und den momentanen Zustand verbessern zu können. Dazu muß man sich der eigenen Macht und Kraft zur Gestaltung der Realität bewußt sein und sie auch verantwortungs- und liebevoll einsetzen.

So erhält auch der Begriff des Mitgefühls aus schamanisch-magischer Sicht einen besonderen Stellenwert. Er bedeutet, mit dem anderen zu fühlen, sich in den anderen hineinzufühlen, um begreifen zu können, wo sich jemand verrannt haben könnte, welche Gedankenmuster hinderlich und quälend sind und welche Art von Hilfe zur Veränderung des schlimmen Zustands dienlich sein können. So wie ein Arzt seinen Patienten nicht helfen könnte, wenn er sich mit jeder Krankheit anstecken würde und dann selbst darnieder läge. Er muß das Thema des Kranken von außen betrachten, um Lösungen und Heilmethoden zu finden.

Bei Schamanen geht dieses Mitfühlen so weit, daß sie die Situation des Kranken genau und besser als er selbst beschreiben können, sie drücken in Bildern und Symbolen ganz präzise aus, was im Energiefeld des Kranken gestört ist und wie die Heilung erfolgen kann. Und dieses Wissen setzen sie dann auf verschiedenen Ebenen um, sei es auf der Ersten durch den Gebrauch von Heilpflanzen, auf der Zweiten durch Telepathie oder Suggestion und auf der Dritten, indem sie die Krankheit symbolisch heraussaugen und auf einen Gegenstand übertragen, der dann im Wald rituell vergraben wird. Niemals stimmt der Schamane aber in die Klage des Betroffenen ein und fühlt sich selber krank, er übernimmt höchstens für kurze Zeit die Rolle des anderen, bleibt sich aber immer dessen bewußt, daß er sich mit dem Problem einer anderen Person befaßt.

Wenn jemand leidet, heißt das ja auch immer, daß er in sich gefangen ist, daß er innerhalb seiner Denkmuster im Kreis denkt, daß er also nicht imstande ist, die Struktur des Problems von außen zu sehen. Könnte er den dahinter versteckten Mechanismus verstehen, könnte er ja sofort aufhören, sich dem auszusetzen. Der mitfühlende Freund kann ihm darum am besten helfen, indem er die Zusammenhänge aufzeigt, neue Türen und Zugänge der Wahrnehmung eröffnet, das Thema relativiert und von anderen Seiten beleuchtet. Mit anderen Worten, Kreativität und Flexibilität fördert.

Ein Magier geht davon aus, daß es im Kosmos eine unendliche Fülle von Lösungen für jedes menschliche Problem gibt, daß es aber durchaus sein kann, daß er bis jetzt noch nicht die richtige gefunden hat. Daß er vielleicht im Moment keine sieht, heißt immer nur, daß er keine sieht, nicht, daß es keine gibt. Daraus folgt, daß es lohnend ist, weiterzusuchen und sich mit den bisherigen unzureichenden Ergebnissen nicht zufrieden zu geben. Es sei denn, man entscheidet sich wissentlich anders und verzichtet für den Moment auf weitere Überlegungen und Versuche. Dabei handelt es sich aber um eine bewußt gewählte Einschränkung der Möglichkeiten, die daher rühren kann, daß man sich bis auf weiteres lieber anderen Dingen zuwenden möchte oder beschlossen hat, an dem fraglichen Thema ab sofort einfach nicht mehr zu leiden, nicht mehr damit zu hadern. Lauter erwachsene, mündige Varianten, sich einer Situation zu stellen.

Im Sinne des Mitgefühls ist es sicher nützlich und hilfreich, einige Angebote zu machen, die über die bisherigen Grenzen und Erfahrungen des Betroffenen hinausgehen, wobei es immer letzterem überlassen bleibt, ein Angebot anzunehmen oder nicht. Es ist und bleibt sein Leben und auch sein Leiden. Wenn es Ihnen in der Position des Helfers gelingt, besonders lustvolle oder unerwartete Lösungsvorschläge zu machen, werden Sie damit Ihre Erfolgschancen vermehren.

Dazu eine kleine Geschichte von Serge Kahili King, dem hawaiianischen Kahuna: Zu ihm kam eines Tages ein verzweifelter Mann, der in der panischen Angst lebte, sein Herz könne jeden Moment aufhören zu schlagen. Er war schon bei verschiedenen Ärzten gewesen, die ihn aber nicht von der Besessenheit durch diese existentielle Angst befreien konnten. Alle seine Gedanken kreisten nur um die Frage, die er auch Serge stellte, als er seinen Raum betrat: „Was ist, wenn mein Herz plötzlich nicht mehr schlägt?" Er hatte die eine Hand beständig am Puls des anderen Handgelenks, um den Herzschlag zu überwachen. Serge stellte ihm die Gegenfrage: „Und was ist, wenn es einfach weiterschlägt?" Serge verwendete dabei die schamanische Technik der Fokusverschiebung, die den Mann so verblüffte, daß er sich plötzlich in einem anderen Denkmuster befand. Alle bisherigen Heiler und Ärzte hatten ihre Aufmerksamkeit auf das vorgetragene Problem gelenkt und es damit im schamanischen Sinn verstärkt. Der Kahuna hatte das genaue Gegenteil gemacht, er sprengte damit das geistige Gefängnis des Mannes. Ab sofort konnte dieser seine Gedanken auch wieder neu orientieren, er war geheilt von seiner fixen Idee und bedankte sich überschwenglich.

Damit möchte ich natürlich auch Ihnen Mut machen, Gegenfragen zu stellen, andere Blickwinkel zu wählen und ungewöhnliche Standpunkte einzunehmen. Wenn Sie herausgefunden haben, in welchem Winkel ein leidender Mensch gefangen sitzt, also mit-fühlen können, wie es ihm geht, machen Sie ihm ganz spielerische Vorschläge, doch auch einmal andere Aspekte zu betrachten.

Ich spiele in solchen Situationen gerne die gute Fee mit Zauberstab und frage nach den phantastischsten Wünschen und Träumen meines Gegenübers.

Oder ich frage ganz gezielt nach den theoretisch möglichen, positiven Erfahrungen, die man nicht so leicht jetzt gleich, aber vielleicht in zwei Jahren rückschauend verbuchen könnte. Nach dem möglichen erfreulichen Ausgang des jetzt schmerzlichen Prozesses. Lassen Sie sich dabei nicht von der „Vernunft“ einschränken, je phantasievoller, bunter und verrückter die Vision der Ergebnisse ist, umso besser.

Oder ich male mit dem anderen gemeinsam sein düsteres Bild der Gegenwart um, wobei mir die absurdesten Vorschläge gerade recht sind, weil sie sich der logischen, vernünftigen Bewertung entziehen. Wenn sich jemand am besten mit der Vorstellung von blitzblauen Eierstöcken fühlt, gibt es nichts dagegen zu argumentieren. Es geht immer wieder nur um unsere subjektive, persönliche Wahrheit und Wirklichkeit, nicht um allgemeingültige Maßstäbe. Verdrehen Sie einfach alles ins Gegenteil, egal, was dabei an Ungereimtheiten herauskommt.

Und wenn Sie dann gemeinsam darüber lachen, haben Sie dem anderen Menschen zu Entspannung, zum verbesserten Fließen seiner Energie und damit zur Selbstheilung verholfen. Dem anderen geht es jetzt besser, das wollten Sie doch, nicht wahr?

Trauer

Schildkröte, Symbol für Ausdauer, hawaiianische Petroglyphe

Wann auch immer irgendetwas in unserem Leben zu Ende geht, wann auch immer wir einen Verlust verschmerzen müssen, trauern wir. Psychologen meinen sogar, es handle sich dabei um eine Leistung, die wir erbringen müssen, um uns von diesem Gefühl zu befreien, wir müssen, in ihrer Terminologie, „Trauerarbeit" leisten.

Üblicherweise verwenden wir den Begriff „Trauer" nur für die Emotionen bei einschneidenden Ereignissen, bei denen wir etwas Wichtiges verloren haben, beim Tod nahestehender und geliebter Menschen. Wahr ist aber auch, daß eine zerbrochene Beziehung dasselbe Gefühl auslösen kann, daß wir auch danach eine Zeit brauchen, um mit der veränderten Situation zurechtzukommen zu lernen. Graduell unterschiedlich, aber im Kern ident ist aber auch die Reaktion auf den Verlust einer alten Brosche, die schon seit Urgroßmutters Zeiten im Familienbesitz war.

Ohne zu werten, ohne feststellen zu wollen, wann welches Gefühl angemessen ist, kann man sagen, daß wir uns emotionell immer dann wehren und auflehnen, wenn uns etwas Liebgewonnenes abhanden kommt. Das heißt also, Trauern hat auch sehr viel mit dem Bedau-

ern der eigenen Person zu tun, die nun mit einer Einschränkung emotioneller oder materieller Natur weiterleben muß.

Viele Dinge, die uns den Alltag angenehm und lustvoll machen, lassen sich leicht ersetzen. Wir leben in der Fülle einer Industriegesellschaft, wo alles überreichlich auf dem Markt vorhanden und käuflich erwerbbar ist. Unsere Wirtschaft lebt zum Teil davon, daß Gegenstände zu Bruch oder verloren gehen und ersetzt werden. Die Aufregung über den verlorenen Schlüssel hat ebenfalls leicht durchschaubare Hintergründe. Da geht es um die Angst, der unredliche Finder könnte plötzlich auf die Idee kommen, den Schlüssel ins passende Schloß zu stecken, und in unserer Privatsphäre auftauchen, und natürlich auch um Kosten und Mühen, mit denen die Wiederbeschaffung verbunden ist. Ja, eigentlich ist man nur auf sich selbst böse und hadert mit der eigenen Ungeschicklichkeit. Wenn man seine fünf Sinne beisammen gehabt hätte, wenn man das Loch in der Tasche rechtzeitig repariert hätte, wenn man den Schlüssel, wie seit Wochen geplant, an eine entsprechende Kette gehängt hätte, ja wenn …

Auch in den Bereichen, wo wir den Verlust von etwas Unersetzlichem beklagen, laufen ganz ähnliche Mechanismen ab. Wieviel mehr trifft uns das Abhandenkommen von etwas, das ideellen Wert für uns hatte, ein besonderes Geschenk, etwas von geschickten Händen Angefertigtes, der erste Brief des Sohnes oder ein Andenken an einen wunderschönen, bedeutungsvollen Abend! Unwiederbringlich dahin.

Was ist das eigentlich, was uns da so beschäftigt? Ändert der Verlust wirklich etwas an unserer momentanen Lebenssituation? Sind wir ab sofort mit dem Menschen, dessen liebevolle Gabe verschwunden ist, weniger verbunden? Gilt das Versprechen, das sich zwei Menschen an jenem Abend gegeben haben, nicht mehr, weil das sichtbare Zeichen nicht mehr auf dem Regal liegt? Wissen wir nicht mehr sicher, daß wir einmal eine Reise nach Italien gemacht haben, wenn wir die Eintrittskarte in die florentinischen Uffizien nicht mehr finden? Überschätzen wir nicht den Wert von Symbolen, die wir ja zu dem gemacht haben, was sie für uns sind, und die für niemand anderen ähnliche Bedeutung haben könnten?

Das ist die verquere Umkehrung schamanischer Techniken: Das Ermächtigen sollte dazu dienen, uns zu befreien, uns unabhängig von äußeren Regeln zu machen, unser Spektrum an Wahrnehmung und Erleben zu erweitern, nicht uns in materiellen Gegebenheiten gefangenzusetzen. Es sollte uns unsere Kraft zur Gestaltung bewußt einsetzen lassen, unabhängig von allgemein anerkannten Regeln, uns nicht noch mehr an die Erste Ebene binden und die Möglichkeiten der anderen Blickwinkel und Betrachtungsweisen einschränken.

Wir machen die Dinge zu dem, was sie für uns sind – das stimmt schon. Aber das gilt immer im Hier und Jetzt und für einen bestimmten Zweck. Was nicht heißen soll, daß sie das, wozu wir sie einmal ernannt haben, für immer bleiben müssen, auch wenn das in einer neuen Situation keinen Sinn mehr macht. Das Ermächtigen ist eine wirksame Methode, wenn es verantwortungsvoll und bewußt eingesetzt wird, hinter den ermächtigten Symbolen steht aber immer ein menschlicher Geist, der sich nicht nach getaner Arbeit zur Ruhe setzen kann, der immer wachsam bleiben und jede einmal getroffene Entscheidung auf ihre Sinnhaftigkeit für die Gegenwart überprüfen muß.

Wenn wir also den Verlust eines symbolträchtigen Dinges gleichsetzen mit einem schlechten Omen für den Zustand, die Beziehung, das Ereignis, wofür es steht, ist auch das unsere Entscheidung. Wir könnten genauso gut beschließen, daß sich das Symbol verabschiedet hat, weil es seine Schuldigkeit getan hat, weil wir es nicht mehr brauchen, um uns daran festzuklammern. Auch jedes Vorkommnis hat schließlich das Gewicht und die Bedeutung, die wir ihm geben.

Selbstverständlich gilt all das Gesagte nicht nur für den Fall, daß Sie selbst sich, auf welche Weise auch immer, einen Verlust inszeniert haben, es gilt auch für den eigenen Umgang mit den Inszenierungen durch andere. Es steht Ihnen vollkommen frei, die Gedankenlosigkeit und Ungeschicklichkeit eines anderen diesem schwer anzukreiden oder sich selbst zu fragen, was Ihnen die Geschichte erzählen, worin für Sie der Denkanstoß liegen könnte. Sie können diesen anderen mit Vorwürfen belasten, hinter denen sich vielleicht ein ganz anderer Konflikt verbirgt, oder darüber nachdenken, wie Sie selbst zu einer neuen Lösung beitragen könnten. Die feindselige Variante bringt die verlorenen Sachen ebenso wenig zurück wie die friedfertige, sie kann aber sehr wohl dazu führen, daß eine schwierige zwischenmenschliche Beziehung getrennt statt geheilt wird oder daß jemand in Zukunft nicht mehr bereit ist, Sie zu unterstützen. Ist Ihnen selbst damit wirklich geholfen?

Als Schamane und Magier haben Sie auf Basis des konstruktiven Umgangs mit Ihrer Gedankenkraft noch eine weitere Möglichkeit: Sie können sich damit beschäftigen, das abhanden Gekommene wieder herbeizuwünschen. Wenn Sie dafür einen triftigen Grund haben, der über das reine Gebundensein ans Materielle hinausgeht, erhöhen sich Ihre Erfolgschancen. Dazu ein kurzes Beispiel: Zwei Freunde von mir waren auf einer Reise in einem guten Hotel abgestiegen. Eines Tages war die kostbare Uhr des einen aus seinem Zimmer verschwunden, was den Besitzer nicht in den Ruin gestürzt hätte, aber doch das ungemütliche Gefühl aufkommen ließ, daß vielleicht das Zimmermädchen ... Dem zweiten war genau dieser Verdacht dem Personal gegenüber sehr unangenehm, also unterhielt er sich in schamanischer Weise mit der personifizierten Uhr und bat sie, doch wieder aufzutauchen. Kurz danach wurde an die Zimmertür des ersteren geklopft, ein Zimmermädchen teilte mit, daß vor der Tür eine Uhr am Boden liege.

Wie auch immer Sie diese kleine Erzählung interpretieren möchten, sie hat in der gewünschten Weise funktioniert. Das ist der springende Punkt, meine ich. Und sie ist aus magischer Sicht korrekt abgelaufen: Keiner der Beteiligten hat zu viel Aufmerksamkeit auf Umstände und Aspekte gelenkt, die sich übel und unerfreulich angefühlt haben, Ein gewisses Maß an Loslassenkönnen des einen und der ehrliche Wunsch des anderen, keine unbeweisbaren Unterstellungen unschuldigen Menschen gegenüber zu nähren, waren der Humus, auf dem Wünsche gedeihen und in Erfüllung gehen können. Zur Nachahmung ausdrücklich empfohlen!

Schmerzhafter verspüren wir die Trauer, wenn es um das Lebensende eines liebgewonnenen Wesens geht, zum Beispiel eines Haustieres. Als mein Kater krank wurde, wußte ich schon, daß der Abschied unaufhaltsam näherkommen würde. Er war 15 Jahre alt und baute nun sichtlich ab. Und doch, trotz des Bewußtseins, daß eben auch Katzenleben nicht ewig dauern, und trotz der Dankbarkeit für 15 Jahre voll Freude, Zuneigung und Vergnügen miteinander war ich traurig und tat mir schwer damit, ihm nicht mehr helfen zu können. Ich konnte ihn einerseits gut gehen lassen und wollte andererseits lieber nicht daran denken, daß ich in Zukunft beim Heimkommen nicht mehr begrüßt werden würde, daß sich keiner mehr auf die Tastatur des Computers legen würde, wenn er fände, für heute sei genug geschrieben, und daß keiner mehr laut schnurrend in meinen Anblick versunken vor mir sitzen würde.

Sie merken, ich bin ganz unmittelbar beim Kern des Problems gelandet: Es ging mir natürlich um das Wohl dieses Tieres, darum, ihm die letzten Tage so leicht wie möglich zu machen. Aber zugleich war da viel Bedauern meiner selbst, ich war ja diejenige, die zurückblieb, deren Leben ein Stückchen Zärtlichkeit und Zuwendung verlor. Für den toten Kater war das alles kein Thema, ob er auf einer anderen Ebene ergiebige Jagdgründe gefunden hatte oder sich entschließen würde, in anderer Gestalt wiederzukehren; kurz, welches Weltbild unsereiner mit dem Tod verbindet, das alles hatte nichts mehr mit ihm zu tun.

Ich habe mit Absicht diese Katzengeschichte erzählt, weil es einfacher ist, die Struktur von Trauer an einem solchen Beispiel aufzuzeigen. Trauer hat immer etwas mit unserem Weltbild, vor allem mit unseren Vorstellungen, das Leben vor dem Leben und das Leben nach dem Tod betreffend, zu tun. In der schamanischen Auffassung vom Leben als einem Kontinuum, von einer geistigen Existenz, die sich manchmal in einem materiellen Körper ausdrückt und manchmal eben auch nicht, ist der Tod nicht so bedeutungsvoll, nicht die große, endgültige Zäsur. Und da Schamanen grundsätzlich alles für lebendig halten, kennen sie auch keine Hierarchie von wichtigerem und unwichtigerem Dasein. Sie bedauern die sinnlose, weil mutwillige Zerstörung eines Baumes, können aber mit dem bewußten Verlassen des Körpers bei einem geliebten Lehrer ganz einverstanden sein. Es geht ihnen nicht darum, ein Wesen in seiner materiellen Form festzuhalten. Sie sagen, daß es niemals ihre Aufgabe sei, einen, der gehen will, am Weggehen zu hindern, sondern dafür zu sorgen, daß er, solange er lebe, möglichst gut, heil und in Frieden leben könne. Das gilt für jede Wesenheit, nicht nur für Menschen.

Jedes spirituelle Weltbild ist eine Hilfe im Umgang mit der Vergänglichkeit, auch Christen finden in ihrem Glauben Halt, wenn sie die Trennung von einem geliebten Wesen verkraften müssen. Wenn der Tod nicht als das unwiderrufliche Ende gesehen wird, relativiert das seinen Schrecken, er ist dann nur ein Übergang in eine andere Seinsform.

Trauer hat außerdem immer mit uns selbst zu tun, mit dem Gefühl, daß uns etwas genommen wurde, was zu unserem bisherigen Leben gehört hat, was uns das Leben bereichert und erleichtert hat. Dahinter steht nicht zuvörderst der Kummer, daß der Tote nun von den irdischen Vergnügungen ausgeschlossen ist, sondern meist viel stärker das Bedauern der eigenen Person, die jetzt allein und aus ihrem gewohnten Gefüge gefallen zurückbleiben und weiterleben muß. Auch die Angst, den Alltag allein nicht zu bewältigen, einsam, aller gemeinsamen Pläne und Aussichten beraubt und mit einer ungewissen Zukunft konfrontiert zu sein, spielt eine große Rolle. Exzessive Trauer ist von Ichbezogenheit nicht zu trennen.

Natürlich ist es verständlich, daß der plötzliche Verlust eines nahestehenden Menschen schmerzlich ist, daß es einer Phase der Neuorientierung bedarf, innerlich und äußerlich, daß der Tod des anderen auch die Angst vor dem eigenen Sterben virulent und bewußt gemacht hat. Trauerarbeit ist für gewöhnliche Sterbliche unumgänglich, nur wenige sind wahrscheinlich so weise und abgeklärt, daß sie an einer solchen Situation nicht leiden. Aber Trauer muß auch wieder vergehen, wir müssen uns wieder dem Leben in der Gegenwart zuwenden und bereit sein, die Aufgaben im Hier und Jetzt zu erfüllen. Das heißt, es liegt an uns, unsere Aufmerksamkeit auch in einem solchen Fall bewußt zu lenken, unsere Energie dort einzusetzen, wo sie nützlich und hilfreich wirken kann. Jemand, der nicht aufhören kann zu trauern, hat sich dazu entschlossen, in diesem Lebensgefühl zu verharren und die Augen vor dem Rest der Welt zu verschließen. Das ist kein schicksalhaft-unentrinnbares Geschehen, das ist der ausdrückliche, destruktive Wille eines Trauernden.

Hinter nicht endenwollender Trauer steht sehr oft Wut. Die Wut auf den Toten, der einen verlassen und in Elend und Einsamkeit gestürzt hat, der einen verraten und sich verdrückt hat, der seine Versprechen nicht einlöst, nicht mit einem gemeinsam alt wird, der sich nicht mehr um die Rückzahlung des Kredits, um die Reparatur der Dachrinne und um die Erziehung der Kinder kümmert. Das Schlimme an dieser Wut ist, daß sie in unserer Gesellschaft moralisch geächtet ist, daß man sie nicht zeigen darf und fast daran erstickt. „De mortuis nil nisi bene", sagten schon die Römer in der Antike. Über Tote darf nur Gutes gesagt werden. Aber entspricht das wirklich unseren Empfindungen? Könnte es nicht tatsächlich sein, daß einer sein Leben leichtfertig aufs Spiel gesetzt und einen Unfall provoziert hat oder viel zu spät zum Arzt gegangen ist, daß seine Todessehnsucht größer als seine Bindung an dieses irdische Leben war?

Ich vermute, daß es leichter wäre, mit der Trauer fertig zu werden, wenn sie nicht so sehr von gesellschaftlichen Normen bestimmt wäre, wenn es nicht als besonders wünschenswert gälte, alle die gemischten Gefühle, die in einer solchen existentiellen Krisensituation hochkommen, zu beherrschen und zu unterdrücken. In anderen Kulturen, wo im Kollektiv tagelang geschrien und geweint wird, können Trauernde darin ein Ventil für ihre Emotionen finden, sie können sie in einem geordneten, rituellen Zusammenhang ausleben. Das hilft.

Und noch ein anderer Aspekt kann einen sehr wirksam in der Trauer festhalten: Schuldgefühle wegen unerledigter Aufgaben, ungesagter Worte und unversöhnter Konflikte. Auch da spielt das Weltbild eines Trauernden eine große Rolle. Wenn wir davon ausgehen, daß Leben nicht nur in diesem irdischen Körper stattfindet, haben wir natürlich auch nach dem Tod einer nahestehenden Person noch alle Chancen, das zu tun und zu sagen, was uns wichtig erscheint, uns auszusöhnen und die Beziehung zu heilen. Wir bekommen dann auch Antworten und Bestätigungen von der anderen Seite, wir träumen von dem anderen oder spüren seine Anwesenheit intuitiv. Alles ist möglich, und es gibt keinen Grund, sich in Schuldgefühlen zu zerfleischen.

Schwieriger ist der Fall, wenn wir den Kontakt nicht über das Ende dieses Lebens hinaus halten können. Dann bleibt uns das Gefühl, schuldig geworden, nicht liebevoll genug gewesen zu sein, erhalten. Es sei denn, wir benützen eine schamanische Technik, um uns davon zu befreien. Schuldgefühle sind meiner Meinung nach überhaupt etwas vom Überflüssigsten, weil sie bei niemandem Freude oder Liebe vermehren. Weder aktiv noch passiv. Weder liebt man selbst jemanden doppelt, weil man ihm gegenüber Schuldgefühle hat, noch wird man dafür ganz besonders geliebt. Im Gegenteil. Also ist eine Technik, die dazu taugt, sie einfach und für immer zu entfernen, eine nützliche und sinnvolle Hilfe.

Und so geht's:

Visualisieren Sie einen großen schwarzen Sack aus beliebigem Material und geben Sie alle Ihre Schuldgefühle da hinein, direkt oder in einer symbolischen Form, als Steine, Metallkugeln, abgestorbene Äste oder wie auch immer. Ich habe auch schon einmal erlebt, daß eine junge Frau ihre Bürde als roten Ball in den Sack gestopft hat. Alles ist richtig, was sich für Sie richtig anfühlt, es gibt keine „richtigen" und „falschen" Symbole.

Sie stecken also alles, was Sie loswerden wollen, in den Sack und binden ihn dann ganz fest zu. So fest, daß Sie sicher sein können, da kommt nichts mehr heraus. Und dann überlegen Sie sich eine Möglichkeit, diesen Sack für immer zu entfernen. Egal, wie. Ich mache Ihnen ein paar Angebote: Lassen Sie ihn von einem Adler oder UFO abholen, verbrennen Sie ihn, versenken Sie ihn im Meer, vergraben Sie ihn im Garten, schrumpfen Sie ihn mithilfe Ihrer Spezialwunderschrumpftropfen bis zu einer Größe, die nicht mehr wahrnehmbar ist, oder machen Sie, was hier einmal ein Maler gemacht hat: Er legte den Sack auf sein Zeichenblatt und radiert ihn weg. Jede Vorstellung ist richtig, die Ihnen das Gefühl vermittelt, der Sack sei jetzt für immer weg, unwiederbringlich futsch. Damit sind Sie auch den Inhalt des Sackes für immer los. So ist es und so wird es sein.

Sollten Sie in irgendeinem seelischen Hinterstübchen noch Relikte finden oder einige andere unliebsame Themen beenden wollen, visualisieren Sie einfach einen neuen Sack. Sie haben natürlich beliebig viele Säcke zur Verfügung, es gibt im Kosmos keinen Mangel an imaginierten Säcken.

Zum Schluß möchte ich noch einen ganz wichtigen Punkt anführen: Ich habe in meinem Leben gelernt, daß es notwendig ist, einen Sinn auch in schmerzlichen Erlebnissen zu finden. Nur so kann man sie verwinden und sich wieder dem Leben in seiner Fülle zuwenden. Vor vielen Jahren habe ich ein Kind geboren, das zu früh dran und zu klein war und noch an seinem Geburtstag gestorben ist. Ich hatte all meine Kraft aufgeboten und alle medizinischen Prozeduren über mich ergehen lassen, um dieses Kind am Leben zu erhalten, aber es hatte nicht genügt. Ich wurde nicht nur ganz unmittelbar mit dem Sterben, sondern auch mit meinen Grenzen, mit der Ohnmacht konfrontiert. Alles, wovon ich bisher ganz selbstverständlich ausgegangen war, war nun in Frage gestellt. Beruflich und privat konnte ich mein früheres Leben nicht mehr fortsetzen. Ich hatte die schlimmsten Alpträume im Wachzustand, manchmal dachte ich, ich werde verrückt. Hätte ich nicht einen fünfjährigen Sohn gehabt, wäre ich wahrscheinlich suizidgefährdet gewesen.

Schon vor diesem Ereignis, während der Risikoschwangerschaft, und danach hatte ich unheimlich viel Zeit zum Nachdenken. Und etwa nach einem halben Jahr begann ich den Sinn in meinen Erfahrungen zu suchen. Zu irgendetwas mußte doch auch diese schmerzliche Prüfung gut sein. Heute weiß ich, daß dieses winzige Kind mein Leben mehr als jeder andere Mensch beeinflußt und umgekrempelt hat, daß ich in diesen Monaten sehr viel gelernt habe, daß ich meinen schamanischen Weg niemals so gehen könnte, wenn ich nicht damals an meine Grenzen gestoßen wäre. Und die Tatsache, daß ich den Tod nicht mehr tabuisiere, daß ich ihn in meine

Sicht aufs Leben einbeziehe, hat mir und anderen schon oft geholfen, Ängste abzubauen und Relationen zurechtzurücken.

Das grundsätzliche Vertrauen in Gott, in ein Höchstes Bewußtsein, in Geistwesen, die mit uns befreundet sind und denen an unserem Wohlergehen liegt, ein wie auch immer geartetes spirituelles Weltbild ist die Basis dieser Sinnsuche. Wenn ich davon ausgehe, daß es immer einen guten Grund für alles Geschehen gibt, daß der vielleicht in einem größeren Zusammenhang zu finden ist, daß ich ihn nur im Moment, in meiner Verwirrung und meinem Schmerz, nicht erkennen kann, daß mir vom Schicksal nichts zugemutet wird, womit ich nicht zurechtkommen kann, dann kann ich mich auch beruhigen und wiederfinden in dem Wissen, daß ich nicht allein und verloren bin. Es kann ein bißchen dauern, bis der Blick wieder über die erlebte Katastrophe hinausreicht, aber wenn ich bereit bin, auch andere Menschen und ihre Probleme wieder wahrzunehmen, und mich nicht für den tragischen Nabel der Welt halte, stellen sich auch Antworten ein. Dann läßt sich irgendwann das Geschehene einordnen, dann geht das Leben weiter, und wir können uns auch wieder daran freuen.

Immer wieder haben wir das nämliche Problem: Wie bewältigen wir diese Gratwanderung zwischen dem Bewußtsein um unsere Bedeutungslosigkeit im All und dem Wissen, daß jeder von uns einmalig und unersetzlich einen Platz im Universum einnimmt, der nur ihm und keinem anderen zusteht? Wir sind ganz klein und begrenzt und gleichzeitig unendlich, je nach Betrachtungsweise. Beides stimmt immer. Relativiert ein solcher Gedanke nicht auch die Trauer?

Konflikte lösen

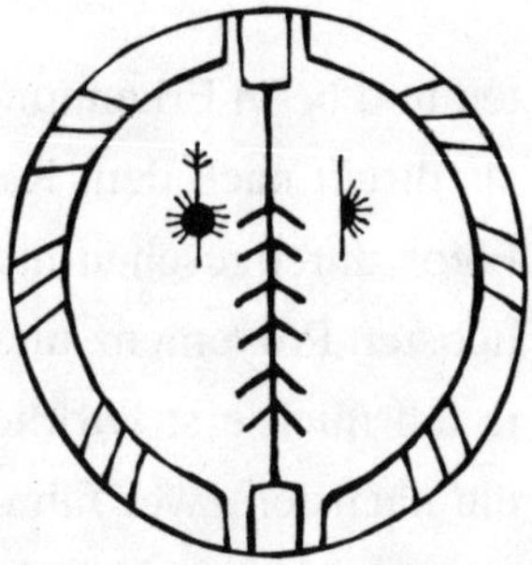

Samojedische Schamanentrommel mit Sonne, Mond und Weltenbaum

In unserem kulturellen Umfeld ist es üblich, einen Konflikt dadurch beilegen zu wollen, daß man durch aufwendiges Analysieren der Entstehungsgeschichte die Ursachen oder eben meistens den Schuldigen herausfindet. So geschieht es zum Beispiel in Gerichtsverfahren, in denen dieser Prozeß je nach Streitwert, Komplexität oder Schwere des Falles Jahre in Anspruch nehmen kann. Und wenn man dann glaubt, die Ursachen und den Ablauf des Geschehens zu kennen, versucht ein vom Staat eingesetzter Richter den Ausgleich wieder herzustellen, indem er den Schuldigen bestraft. Haben Sie je gehört, daß dadurch irgendwer oder irgendetwas wirklich gebessert worden ist? Daß die Opfer sich wieder ihres Lebens erfreuen, ihre Verletzungen geheilt und ihre Qual ungeschehen gemacht worden ist? Oder daß gar die Täter, einsichtig und seelisch gereift, in freundliche Mitmenschen verwandelt wurden?

Ich weiß, wovon ich rede – auch wenn mein Erlebnis nicht so gravierend war –, weil ich einmal nächtens auf offener Straße überfallen worden bin. Der „Schuldige“ ist nie erwischt worden, aber ich bin in Rahmen der Suche nach ihm doch ein wenig in diese Schuld und Sühne-Maschinerie hineingeraten. Nach den Stunden auf Polizeikommissariaten und beim Erkennungsdienst ist es mir noch viel schlechter gegangen als direkt nach dem Raubüberfall. Nachdem ich nämlich Hunderte von Fotos durchgesehen hatte, die alle jugendliche Räuber der unterschiedlichsten Provenienz und von unterschiedlichstem Äußeren zeigten, fühlte ich mich erst wirklich umzingelt. Ab diesem Zeitpunkt hielt ich für die nächsten zwei Jahre jeden jungen Mann zwischen 17 und 28 für einen potentiellen Kriminellen. Ich konnte mich auf der Straße nicht mehr frei bewegen, nicht einmal bei Tageslicht, weil ich aus der Panik gar nicht mehr herauskam. Auflösen konnte ich mein Trauma nur dadurch, daß ich über einen langen Zeitraum ganz bewußt wieder geübt habe, mich von der Angst nicht versklaven zu lassen.

Selbst wenn nun der Bursche, der der Auslöser meiner Schwierigkeiten war, gefunden und zur Rechenschaft gezogen worden wäre, was hätte es mir geholfen? Damit will ich nun nicht sagen, daß ich nicht an die Notwendigkeit einer Rechtsordnung in einer Gesellschaft wie der unseren glaube. Ich will nur das dahinterstehende Denkmuster relativieren, es ist nämlich nicht das einzig mögliche. Unser Rechtssystem ist eine logische Folge eines bestimmten spirituellen Weltbildes, simpel ausgedrückt, der irdische Ausdruck dafür, daß Menschen ihren Gott für eine strenge, unerbittliche, rächende Instanz halten, der nichts entgeht. So würden auch die menschlichen Pendants dazu am liebsten allwissend sein, damit kein Vergehen ungesühnt bleibt. Sie leiden darunter, so viele Fälle ungelöst ablegen zu müssen.

Eigentlich wäre es durchaus möglich, aus demselben Gottesbegriff andere Schlüsse zu ziehen. Man könnte ja auch annehmen, daß die verbissene Suche nach dem Täter nicht notwendig ist, weil Gott ja spätestens am Tag des Gerichts den notwendigen Ausgleich schafft. So könnte man auch den Drang, die Balance hier und jetzt und sofort herzustellen, als Anmaßen göttlicher Kompetenz sehen. Die Chinesen haben ein zu dieser Alternative passendes Sprichwort: „Setz Dich an das Ufer eines Flusses und warte, bis die Leichen Deiner Feinde vorbeischwimmen." Das heißt, es ist nicht notwendig, auf Vergeltung zu sinnen. Keiner kann sein Glück auf dem Unglück anderer aufbauen. Solche Geschichten erledigen sich von selbst. Man braucht nur ein wenig Geduld.

Inzwischen gibt es natürlich längst auch in unseren Breiten Überlegungen dazu, wie man einen konstruktiveren Umgang mit manchen Gruppen von Straftätern finden könnte, wie man sie resozialisieren und besser in die Gesellschaft einbinden könnte. Dahinter steht ein völlig anderes Denkmuster, da geht es um Mitgefühl und Heilung. Das ist, wenn man so will, der positive Aspekt dieses Ursachenforschung. Da stößt man eben auch auf die Beweggründe und Probleme eines Angeklagten und folgert möglicherweise daraus, daß mildernde Umstände geltend zu machen sind. Und so gibt es folgerichtig dann auch Verurteilungen zu Therapie statt zu Strafe.

Ist Ihnen schon einmal aufgefallen, auf wie wenig Verständnis Justizreformen in diese Richtung beim Gros der Bevölkerung stoßen? Womit wir wieder bei meiner anfänglichen Überlegung angekommen sind: Einer, der sich selbst ausgeliefert und unverstanden fühlt, der nicht in der Liebe Gottes und seiner Mitmenschen aufgehoben ist, kann auch einem anderen, einem, der die von ihm selbst mühsam eingehaltenen Regeln gebrochen hat, gegenüber keine Gnade walten lassen. Dazu bräuchte er ein stabiles Selbstwertgefühl und Liebe zu sich selbst, aber auch die Erkenntnis, daß jeder Mensch ein differenziertes, je unterschiedlich beschränktes System repräsentiert, daß wir daher sowieso nicht über einen Leisten zu scheren sind und daß unsere Bemühungen, die Denkmuster eines anderen nachzuvollziehen, immer nur zu bruchstückhaften Ergebnissen führen können.

In manchen östlichen Philosophien und Religionen, in denen das Wissen um die Reinkarnation gut verankert ist, kann diese Sicht der Dinge dazu führen, daß der Übeltäter mit großer Anteilnahme betrachtet wird, weil er ja durch sein Verhalten ein schreckliches Karma ansammelt, das er in einer nächsten Inkarnation bitter abbüßen muß. In Tibet habe ich miterlebt, daß Mönche auf die Beleidigungen und Bedrohungen durch chinesische Besatzungssoldaten mit Mitgefühl reagiert haben. Das ist der andere Pol dieses Ursache-Wirkung- oder Schuld und Sühne-Denkens, der Unterschied besteht grundsätzlich nur in der Entscheidung, es eben vor allem als die Aufgabe menschlicher Ordnungshüter zu betrachten, die Welt in Balance zu halten, oder dies von höheren Instanzen gewährleistet zu sehen.

Schamanische Traditionen gehen unterschiedlich mit dieser Thematik um. In vielen geht es sehr wohl um das Ergründen der Ursachen, wobei die Suche nicht nur auf dieses Leben und nicht nur auf die materielle Welt begrenzt bleibt. Das kann bedeuten, daß der Auslöser für eine Krankheit in einem schuldhaften Verhalten in einem vergangenen Leben oder in der Besessenheit durch ein übelwollendes Geistwesen, einen Dämon, gesehen wird. Demzufolge sind auch die Methoden, das Problem zu beseitigen, sehr verschieden. Dämonen werden überwunden, vertrieben oder ausgesaugt, alte Schuld durch Opfergaben getilgt. Konflikte können eben auf allen Bewußtseinsebenen stattfinden, zwischen Menschen und Menschen ebenso wie zwischen Menschen und Naturgeistern oder Göttern.

Mir gefällt die Auffassung der Kahunas am besten, die jeden Konflikt – auch den zwischen Menschen und Umweltfaktoren – als eine Störung der Harmonie betrachten. Und nur darum geht es ihnen: Harmonie wieder herzustellen. Allerdings hatte diese Auffassung auch eine Kehrseite, die sehr hart und unerbittlich war und die ich für absolut entbehrlich halte: Es gab im alten Hawai'i eine einzige Strafe, die allerdings nur für ein ganz besonders gravierendes Verbrechen wie einen Tabubruch verhängt wurde: die Todesstrafe. Alle anderen Irritationen und Streitigkeiten wurden ausgeglichen und geheilt. (Genau genommen hat es für die sportlichen unter den Tabubrechern auch noch eine Hintertüre gegeben: Wenn einer den PU'UHONUA O HONAUNAU, den Platz der Zuflucht, lebend erreicht hat, war er frei. Wenn man so will, eine Art Gottesurteil.)

Harmonie war der Zustand, der in aufwendigen Ritualen mit großem Einsatz der ganzen Dorfgemeinschaft immer von neuem angestrebt und erreicht wurde. Wobei es, wie gesagt, keinen grundsätzlichen Unterschied machte, ob es um Konflikte zwischen Nachbarn, Verwandten, Mensch und Gott, Mensch und Natur oder auch verschiedenen Naturgewalten untereinander ging.

Ich möchte ein solches Ritual in den Grundzügen beschreiben, weil ich meine, daß es dabei Aspekte gibt, die auch in unserem Lebensraum durchaus bedenkenswert und anwendbar sind. Wichtig ist dabei auch, daß es den Hawaiianern um Harmonie, nicht um Balance geht. Das ist nicht das Gleiche. Balance heißt Gleichgewicht, heißt im schlimmsten Fall auch Aug um Aug, Zahn um Zahn. Erinnern Sie sich daran, daß im Kalten Krieg mithilfe des „Gleichgewichts des Schreckens", also mit einer gleichermaßen gewaltigen Aufrüstung in Ost und West, versucht wurde, Frieden zu gewährleisten. Was nur dazu geführt hat, daß die Rüstungsindustrie ihre Geschäfte in Dritte-Welt-Länder verlegt hat.

Harmonie besteht dann, wenn alle Beteiligten zufrieden und ohne Spannungen mit- und nebeneinander existieren können, wenn jeder das hat, was wirklich zu ihm paßt, unabhängig davon, ob es gleich viel, gleich groß oder gleich wertvoll wie der Schatz des Nachbarn ist. Harmonie zwischen Mensch und Umwelt bedeutet, daß der Mensch weder mutwillig die Natur plündert noch durch die Kräfte der Natur seinerseits geschädigt wird.

Harmonie kann sich auf sehr unterschiedliche Weise ausdrücken. Um nur ein kleines Beispiel zu erwähnen: Es gibt sehr viele Stile in der Musik, in denen es möglich ist, eine Komposition, die als harmonisch empfunden wird, zu finden. Das kann auf eine Mozart-Oper genauso zutreffen wie auf eine Symphonie von Arvo Pärt, aber eben auch auf die Gesänge der Pygmäen in Zentralafrika. Harmonie ist ein subjektiver Wert, abhängig von den Bedürfnissen und Denkmustern des Einzelnen.

Nun zum erwähnten Ritual, HO'OPONOPONO, in einer einfachen, „irdischen" Form:
Grundsätzlich waren dabei nicht nur die Streithähne und der Haku, der unabhängige Leiter der Zeremonie, anwesend, sondern je nach Konflikt auch alle übrigen Mitglieder der Sippe oder der Dorfgemeinschaft. So

gab es danach keine persönlich gefärbten Nacherzählungen, jeder konnte mit eigenen Augen und Ohren am Geschehen teilhaben. Alle zusammen verrichteten zu Beginn und zum Abschluß des Prozesses, der auch mehrere Tage lang dauern konnte, Gebete und Opfer, wie es sich für ein richtiges Ritual gehört.

Das Problem wurde als solches im Hier und Jetzt anerkannt, aber keine Untersuchung der möglichen Ursachen und der bisherigen Geschichte abgehalten. Jeder Betroffene durfte nun, solange er den Stab des Redners in Händen hielt, sagen, was er zu sagen hatte, aber keinesfalls einen anderen unterbrechen. Danach fragte der Haku den ersten: „Bist du bereit, deinen Zorn aufzugeben? Was bist du bereit, zur Lösung des Konfliktes beizutragen?“ Nach der Antwort des ersten bekamen auch alle anderen Konfliktgegner dieselben Fragen gestellt. Am Ende jeder Fragenrunde wurden sie aufgefordert, einander die Hände zu reichen oder in anderer Weise physisch zu berühren.

In der nächsten und vielen weiteren Runden bekamen sie nun Gelegenheit, auf die Angebote der jeweils anderen zu reagieren und ihre eigenen Vorschläge zu modifizieren. Wenn die Wogen der Emotion zwischendurch zu hoch gingen, sorgte der Haku dafür, daß wieder Ruhe einkehrte. Diese Art der Verhandlung wurde so lange fortgesetzt, bis alle Beteiligten zufriedengestellt waren. Es wurde also niemals ein Urteil zugunsten des einen und auf Kosten eines anderen gefällt. Der Haku war nur ein Vermittler, kein Richter.

Am Schluß wurde festgestellt, daß der Konflikt beendet und die Harmonie wiederhergestellt war. Ja, es wurde sogar gesagt, daß es den leidigen

Streit gar nicht mehr gäbe. Folgerichtig mußten alle Anwesenden, auch die Zuhörer, versprechen, diese Geschichte nie wieder zur Sprache zu bringen und sie dadurch neu zu erschaffen. Es war ein für allemal vorbei!

Vergleichen wir diese Vorgangsweise nun mit der bei uns üblichen, sind die Unterschiede eklatant. Zuerst einmal sind alle Mitglieder der Gemeinschaft dabei, was der Gerüchtebörse keinerlei Nahrung liefert. **Dazu gibt es grundsätzlich andere Werte, die als Maßstab angewendet werden, es geht nämlich um Harmonie, nicht um Gerechtigkeit oder Rache, nicht um Sieg oder Niederlage. Es geht um die individuelle Befriedigung der Bedürfnisse, nicht um eine „gerechte" Gleichschaltung der Betroffenen, und vor allem auch um das Wissen, daß an jedem Konflikt mehr als einer die Schuld trägt, daher auch jeder etwas zur Beilegung beitragen muß.** Das bedeutet, die Kontrahenten haben wirklich alle Chancen, am Ende des Prozesses wieder in bestem Einvernehmen zu sein. Es gibt nicht den einen, der triumphiert, und den anderen, der in Zukunft seine wahren Gefühle verbergen muß, da er sich vielleicht keineswegs zu irgendwelchen Einsichten durchgerungen hat. Alles keine tauglichen Voraussetzungen für ein friedliches Zusammenleben.

Natürlich muß man auch wissen, wie hoch in Hawai'i der Begriff Harmonie gehalten wurde. Einer, der nicht bereit dazu war, dem es wichtiger war, auf seinem feindseligen Standpunkt zu beharren, mußte das Dorf, die Familie, die Gruppe verlassen. Mit diesem Druck waren die jeweiligen Gegner sicher viel leichter dazu zu bringen, an einer friedlichen Lösung mitzuwirken. Außerdem wurde alles öffentlich verhandelt, das heißt, alle Mitglieder der Gemeinschaft bekamen zu hören, wie in dieser Auseinandersetzung argumentiert wurde. Auch das verstärkte sicher den Druck auf die Betroffenen, nicht die allerübelsten und -dümmsten Dinge vorzubringen, um nicht das Gesicht zu verlieren.

Zudem gab es keinen Richter, keine oberste Instanz, die aus ihrem – wenn auch menschlich-begrenzten – Verständnis entschied, wer der Schuldige war und wie hoch die Ausgleichszahlung, materiell oder immateriell, auszufallen habe. Der Haku war zwar eine weise, erfahrene Person, die nicht in die Interessen der Gemeinschaft involviert war, etwa aus einem anderen Dorf stammte, aber er hatte nur die Funktion eines Moderators. Zu Ende war HO'OPONOPONO erst dann, wenn die beteiligten Gegner feststellten, daß sie jetzt zufriedengestellt wären, daß die Angebote des jeweils anderen angenommen würden.

Und wenn der Streit beigelegt war, war er beigelegt, er war im Hier und Jetzt nicht mehr vorhanden. Daher konnte es auch so etwas wie Vorstrafen nicht geben. Es ging in jedem Konflikt nur um das aktuelle Problem, niemals durfte die Schmutzwäsche von Jahren gewaschen werden. Auch das macht solche Fälle leichter lösbar, weil sich niemals ein Beschuldigter mit der Aufrechnung von uralten, angeblich längst verziehenen Missetaten konfrontiert sah.

Ich nehme nun nicht an, daß es mir gelingen wird, unsere Rechtsordnung grundlegend umzukrempeln, aber ich meine sehr wohl, daß es sich zumindest im privaten oder beruflichen Umfeld lohnt, einige dieser hawaiianischen Denkmuster in Betracht zu ziehen:

1. **Ein Konflikt wächst nicht auf dem Mist eines einzigen Streithansls heran, er hat immer mit allen Beteiligten zu tun.** Nicht in einer

schuldhaften Weise, aber sehr wohl insofern, als bisherige Gedankenmuster und Verhalten nicht zur Harmonie beigetragen haben. Wenn Harmonie wirklich das erklärte Ziel ist, kann es nicht schwerfallen, alle Faktoren auf ihre Tauglichkeit dazu abzuklopfen.

2. **Wenn es so ist, daß alle Konfliktparteien etwas zum aktuellen Problem beigetragen haben, ist es auch an allen, dem oder den anderen entgegenzukommen und ihrerseits ein Angebot zur Wiederherstellung des Friedens zu machen.**
3. **Ist die Sache zur allgemeinen Zufriedenheit gelöst, gibt es sie nicht mehr.** Es ist nicht förderlich für das zukünftige Einvernehmen, an der Erinnerung an den Streit festzuhalten. Nach hawaiianischer Auffassung ist Vergangenheit nicht im Hier und Jetzt anwesend, was uns prägt oder beeinträchtigt, ist Erinnerung. Und die ist bekanntlich die subjektive Interpretation eines vergangenen Vorfalls und daher beliebig uminterpretierbar. („Vergangenheit auflösen“ in „Magie ist keine Hexerei“)
4. **Jeder Mensch ist ein in unterschiedlicher Weise begrenztes Wesen und nimmt nur einen Ausschnitt der Wirklichkeit wahr. Keiner hat die einzige, allgemeingültige Wahrheit gepachtet. Menschen sind nicht gleich und haben differenzierte Bedürfnisse.** Es kann daher keine Regel geben, die für alle gerecht und zutreffend ist. Herauszufinden gilt es daher, welcher Zustand, welches Verhältnis zueinander zu den Betroffenen paßt. Gleichgültig, wie er oder es anderen, im Moment Unbeteiligten gefiele.
5. **Jeder, der sich in Gedanken oder Worten mit dem beigelegten Konflikt weiter beschäftigt, erschafft ihn im selben Augenblick neu. Jedes Festhalten daran ist destruktiv und fördert die Manifestation des Unfriedens von neuem.**

AMAMA! PAU! So sei es! Erledigt!

Ist Ihnen klar geworden, was dieses hawaiianische System für Vorteile birgt, die sich durchaus auch bei uns auswirken können? Was es bedeutet, daß nie mehr die ganze Reihe von früheren Vergehen gegen jemanden, zum Beispiel den Partner, vorgebracht werden, was ja nur der Bewaffnung und Rechtfertigung des Anklägers dient, aber keinerlei Wert für die Wiederherstellung der Harmonie hat? Daß die Einmischung „wohlmeinender" Freunde oder das Erzeugen von Problembewußtsein eher kontraproduktiv ist? Daß Ratschläge immer etwas mit den Denkmustern des Ratgebers, aber nicht zwingend etwas mit denen des Beratenen zu tun haben? Daß wirklich von Herzen kommende Vergebung auch das Abschließen des Konflikts beinhaltet und nicht im ständigen Schüren von Schuldgefühlen münden sollte?

Ein Problem, das sich zwischen zwei Menschen ergeben hat, ist ungleich leichter zu bewältigen, wenn es wirklich nur um diesen aktuellen Anlaß geht und nicht insgeheim Jahre zurückliegende Kränkungen aufgewärmt werden. Ich kenne einen Mann mit einem an sich durchaus beweglichen Geist, der sich bei jeder kleinen Differenz mit seiner Frau geflissentlich an eine Geschichte erinnert, bei der er sich von ihr sehr verletzt gefühlt hat. Damit erreicht er, daß jede alltägliche Ungereimtheit den Stellenwert einer zwischenmenschlichen Tragödie erhält. Und wem nützt das in Wahrheit? Glauben Sie, er fühlt sich im Bewußtsein, mit einem unsensiblen Klotz verheiratet zu sein, wohler?

Wenn Ihnen wirklich daran liegt, Konflikte zu lösen, sollten Sie unbedingt von jeglicher Schuldzuweisung absehen. Auch die moralisch dankbarere Rolle des unschuldigen Opfers kann Ihnen höchstens ein bißchen Befriedigung für Ihr Ego bringen, die Harmonie im Zusammenleben wird dadurch keineswegs gefördert. Sie leisten den besten Beitrag dazu, indem Sie darüber nachdenken, inwiefern Sie Ihrem Gegenüber entgegenkommen könnten, was Sie verändern könnten, um dem anderen das Leben leichter zu machen, nicht mehr dieses unerwünschte Verhalten zu provozieren, um ihm ganz grundsätzlich das Gefühl zu geben, geachtet und geliebt zu werden.

Wohlgemerkt, es geht hier nicht ums Rechthaben und -behalten, es geht um Harmonie, um den Ausgleich der Gegensätze! Wenn Sie lieber auf Ihrem bisherigen Standpunkt beharren, bleibt Ihnen das natürlich unbenommen. Ich kann Ihnen allerdings keine Ezzes geben, wie Sie damit besonders gut durchs Leben kommen.

Nun ein paar ganz konkrete Hinweise, wie Sie auch schwierige Lebenslagen harmonisieren können:

Stellen Sie sich vor, Sie haben eine mühsame und heikle Verhandlung vor sich und es ist nicht denkbar, über die Unstimmigkeiten direkt zu sprechen. Dafür gibt es ein sehr erfolgsträchtiges Rezept: Visualisieren Sie Ihren Gesprächspartner schon im vorhinein und finden Sie etwas heraus, was Sie an Ihm ehrlich anerkennen können. Das kann eine gewisse fachliche Qualifikation sein oder eine besondere Eigenschaft. Vielleicht hat er eine gute, volltönende Stimme oder eine schöne Schrift. Vielleicht ist er bei allem Unverständnis doch ein redlicher Geschäftsmann oder eben besonders einfallsreich bei neuen Produkten.

Ganz egal, was auch immer Ihnen da einfällt, es kann noch so banal und unbedeutend sein – solange Sie es wirklich und ehrlich schätzen, erzeugen Sie mit der bewußt gelenkten Aufmerksamkeit auf diesen Aspekt ein positives, angenehmes Energiefeld. Das ist ein viel besserer Einstieg in Ihre Verhandlungen, als wenn Sie sich ausführlich mit allen befürchteten Schachzügen oder Ihren eigenen Schwächen, mit allen „Wenn“ und „Aber“ befassen. Sie werden sehen, Ihr Gegenüber wird auf Ihre energetische Vorgabe reagieren, der potentielle Konflikt findet nicht statt.

Eine weitere gute Methode, um den anderen für die eigenen Beweggründe aufgeschlossen zu machen, ist es, sich seinerseits die Motive des anderen aus dessen Sicht anzuschauen. Er hat ja möglicherweise nicht nur egozentrische oder gegen Sie gerichtete Interessen, sondern versteckt dahinter ein Selbst, das genauso verletzlich und bedroht ist wie Ihr eigenes. Vielleicht ist dieser andere ein Sozialaufsteiger, der sich noch immer gegen befürchtete Geringschätzung wappnet, obwohl er es längst geschafft hat und niemand seine Karriere mehr in Frage stellt. Die Motive hinter den nachvollziehbaren Verhaltensmustern sind sehr oft irrationaler Natur, deswegen aber nicht weniger bedeutsam. Schlüpfen Sie versuchsweise in die Rolle des anderen hinein, betrachten Sie die Welt und im speziellen den aktuellen Konflikt mit den Augen des anderen! Sie werden sehen, das ist sehr aufschlußreich.

Geht es darum, daß Sie guten Gewissens behaupten können, Ihr Anliegen reiche weit über Ihre eigenen Vorteile hinaus, könnte für viele Mitmenschen Gutes bewirken, dann hilft es, sich zu überlegen, welche Motivation Ihren Gesprächspartner dazu bewegen könnte, mit Ihnen am gleichen Strang zu ziehen. Dazu müssen Sie sich sehr gut in den anderen einfühlen, was von Ihrer Seite schon eine verbesserte

Kommunikation bewirkt. Und wenn Sie dann mit Ihrer Interpretation des anderen richtig liegen, finden Sie bei ihm offene Türen vor, einerseits weil Sie natürlich die richtigen Argumente und Vorschläge anbieten werden und andererseits weil sich der andere geachtet und emotionell angenommen fühlt. Dem Erfolg steht nichts mehr im Wege.

Dasselbe gilt natürlich auch für alle innerfamiliären und sonstigen privaten Zwischenfälle, auch da hilft es ungemein, einmal durch die Augen der dominanten Großmutter oder des pubertierenden Nachwuchses ein Reizthema und den immer wieder aufkeimenden Konflikt zu betrachten.

Kein Mensch ist aus Jux und Tollerei unleidlich, gekränkt oder aggressiv. Dahinter steht immer eine verletzte Seele, Angst, Wut oder eine andere Form von emotionalem Streß. Wenn Sie Ihrerseits bereit sind, anderen gewisse Schwächen, subjektive Wahrnehmung oder unerlöste Probleme zuzubilligen, erhöhen Sie die Wahrscheinlichkeit zur fruchtbaren, zielführenden Kommunikation enorm. Im Klartext heißt das, wenn Sie bereit sind, liebevoll auf einen anderen Menschen zuzugehen, ihn so zu akzeptieren, wie er ist, haben Sie Ihr Scherflein zur Harmonie beigetragen.

Noch einmal sage ich es: Fragen Sie sich immer, was Sie bereit sind, zur Wiederherstellung eines harmonischen Zustands beizutragen. Erwarten Sie nicht, daß der andere zuerst einen ersten Schritt auf Sie zu gehen müßte. Wenn er es genauso handhabt, ist der Karren schon verfahren, die Situation ausweglos. Das Nette an magischen Techniken ist aber, daß sie nicht unbedingt in äußere Taten und Worte gekleidet werden müssen. Stellen Sie sich die Versöhnung mit Ihrem Gegner bereits als gelungen vor, machen Sie sich möglichst detailreiche, sinnliche Bilder dazu. Gehen Sie miteinander essen, tauschen Sie kleine Geschenke aus, umarmen Sie den wiedergewonnenen Freund. Feiern Sie den Erfolg im voraus, heben Sie gemeinsam das Glas auf den ausgehandelten Vertrag und verkneifen Sie sich alle unheilvollen Prophezciungen. Sie müssen an die Möglichkeit des Gelingens glauben, sonst können Sie keinen positiven Ausgang der Querelen erwarten.

Wenn es Ihnen absolut nicht möglich ist, sich eine Wendung zum Guten vorzustellen, gehen Sie innerlich und äußerlich auf Distanz. Auch das ist eine Technik, Konflikte zu lösen. Vergessen Sie aber nicht, daß Sie ein unerledigtes Thema, das Sie nur weggepackt haben, immer mit sich herumtragen, daß es ganz unvermutet wieder aktualisiert werden kann. Auch durch bisher Unbeteiligte, die die alte Wunde berühren.

Sollte es also in der alltäglichen Wirklichkeit zu keiner Einigung kommen können, stellen Sie zumindest die Harmonie in Ihrem Inneren her. Vergeben Sie dem anderen, anerkennen Sie ihn auf seine Art, auch wenn Ihnen sein Strickmuster unverständlich bleibt, und nehmen Sie die Unvereinbarkeit zur Kenntnis, ohne zu werten.

Konflikte können aber nicht nur zwischen Menschen bestehen, sie können sehr wohl auch im Einzelnen selbst zwischen unvereinbaren Denkmustern und Erwartungen oder zwischen Menschen und bestimmten Umweltfaktoren vorkommen. Ja, es gibt sie sogar zwischen Menschen und Gott, das zu erörtern geht aber über den Rahmen dieses Buches weit hinaus.

Sehr wohl möchte ich Ihnen aber Techniken beschreiben, wie man mit störenden äußeren Umständen zurechtkommen kann: Im Kapitel „Negative Energie" habe ich mit der Neonröhrengeschichte schon eine Möglichkeit zur Harmonisierung beschrieben. Dieselbe Methode läßt sich auf alles anwenden, mit dem Sie oder Ihr KU in Konflikt stehen, auf Nahrungsmittel, die Sie schlecht vertragen, aber gerne essen möchten, auf Blütenpollen in der Luft, auf die Sie bisher allergisch reagiert haben, auf den Kamin des Nachbarn, aus dem stinkender Rauch quillt.

Lebensmittel können Sie in Ihrer Vorstellung ganz leicht in farbiges Licht oder nach Gutdünken eingefärbte Wolken einhüllen, Blütenpollen können Sie sich zum Beispiel als freundliche farbige Kügelchen mit schillernden Flügeln vorstellen, die Ihnen außerdem auch noch ausweichen. Das wäre doch eine Möglichkeit! Rauch umzugestalten ist genauso einfach.

Machen Sie ein lustvolles Spiel daraus, das Ihnen nicht nur hilft, mit der momentanen Situation fertigzuwerden, sondern auch noch Ihre Kreativität und Flexibilität trainiert. Das wiederum wird sich in allen Lebensbereichen günstig auswirken. Es macht Sie im Privaten toleranter und im Beruflichen einfallsreicher oder auch umgekehrt. Es liegt ganz bei Ihnen, wie Sie Ihre neuen immateriellen Schätze nützen.

Besonders unangenehm, weil nicht so leicht durchschaubar, sind Konflikte, die man mit sich selbst auf unterschiedlichen Bewußtseinsebenen austrägt. Auch diesen können Sie aber leicht auf die Spur kommen, wenn Ereignisse in Ihrem Leben wiederholt ganz anders ablaufen, als Sie möchten oder sogar schon visualisiert haben.

Ich gebe Ihnen ein Beispiel: Eine junge Frau, die schon einiges über HUNA gelernt hat, wünscht sich sehnlichst einen liebevollen Partner, stellt aber fest, daß es ihr nicht gelingt, diesen Wunsch zu manifestieren. Es ist, als ob eine unsichtbare Wand sie umgäbe. In diesem Fall können Divinationstechniken helfen, da die Wahrscheinlichkeit groß ist, daß ein im Unterbewußten wirksamer Glaubenssatz stärker ist als ihre bewußten Entscheidungen. Mithilfe von Pendel, Karten oder Steinen ist es aber möglich, mit KU zu kommunizieren und ihm auf die heimlichen Schliche zu kommen. Das jetzt nicht mehr unbewußte Glaubensmuster kann dann entweder in einer kleinen Zeremonie dem Feuer übergeben oder als Symbol dargestellt und solange verändert werden, bis sich das neue Bild gut, richtig und angenehm anfühlt. (Genaueres dazu in „Magie ist keine Hexerei")

Sollte das geistige Hindernis sich so gut verbergen, daß es nicht so einfach ans Licht des Bewußtseins gehoben werden kann, kann man die genannten Orakel-Techniken ebenfalls anwenden. Im Vertrauen darauf, daß unser Unterbewußtes immer ganz genau weiß, worum es gerade geht, können wir materiell oder imaginär einfach ein Symbol wählen, dem wir die Bedeutung „Hindernis" geben, und dieses dann ebenfalls verbrennen oder in einer möglichst sinnlichen Visualisierung wegräumen und auflösen. Sie ahnen schon, was ich Ihnen jetzt vorschlagen möchte: Stellen Sie sich eine Wand vor, die Sie abtragen, eine Straßensperre, die Sie Stück für Stück beseitigen, oder auch einen Graben, den Sie zuschütten oder überbrücken können. Was auch immer Ihnen behagt, ist Ihre persönliche Lösung und als solche perfekt. Ihr KU weiß sie exakt zuzuordnen und umzusetzen.

Der innere Konflikt ist gelöst, wenn Ihre bewußten Gedanken und Ihre unbewußten Erwartungen in die gleiche Richtung weisen. Dann herrscht Harmonie in Ihrem Inneren, alle Ihre Kräfte stehen Ihnen wirklich zur Verfügung und lassen sich zielgerichtet einsetzen. Damit ist auch die Manifestation Ihrer kühnsten Ideen in greifbare Nähe gerückt. So ist es und so wird es sein!

Aufmerksamkeit lenken

Schamane reitet auf Helfer-Geist, Motiv auf einer sibirischen Opferdecke

Sie werden es immer wieder, mehr oder weniger deutlich, aus anderen Kapiteln herausgelesen haben – das bewußte Ausrichten der Gedanken und das Lenken der mentalen Kraft gehören zu den grundlegenden schamanisch-magischen Techniken.

Schamanen gehen, wie gesagt, davon aus, daß wir alle in unserem Geist über ein großes Potential an gestalterischer Kraft verfügen, daß wir uns buchstäblich in jedem Augenblick unsere Wirklichkeit selbst erschaffen, daß äußere Realität nur ein Abbild unserer Gedanken ist.

Aber selbst wenn Sie nicht soweit gehen wollen, wenn Ihnen diese Prämisse doch zu kühn und fremd erscheint, lohnt es sich, den eigenen Denkmustern nachzuspüren. Auch unsere westliche Psychologie kennt den Begriff „selffulfilling prophecy", was soviel heißt wie „Prophezeiung, die die entsprechende Erfüllung anzieht, sich selbst erfüllt". Damit ist im Grunde genau dasselbe gemeint wie mit dem magischen Gesetz des Hermes Trismegistos, eines ägyptischen Weisen der Spätantike: „Wie oben, so unten" oder auch „Wie innen, so außen".

Und wenn Sie lieber davon ausgehen, daß wir alle einem uns weitgehend unerklärlichen Schicksal ausgeliefert sind, daß alles unabänderlich und vorbestimmt ist, steuern Sie doch die Wirkung, die bestimmte Erfahrungen auf Sie persönlich haben, dadurch, wie Sie die einzelnen Vorkommnisse bewerten und einordnen. Sie können sich innerhalb dieser Weltanschauung zwar nicht aussuchen, was auf Sie zukommt, aber jederzeit und immer, wie Sie damit umgehen.

Mit anderen Worten, welchem Weltbild Sie auch immer anhängen mögen, welche gedanklichen Strukturen Sie als für Sie selbst passend gefunden haben, Ihr Erleben in der alltäglichen Wirklichkeit ist dadurch geprägt, worauf Sie Ihre Aufmerksamkeit richten und welchen Stellenwert Sie bestimmten Vorkommnissen geben.

Ich erinnere mich an eine Zeit, da mir das schamanische Denken noch nicht so vertraut war wie heute, wo ich aber doch ein paar grundsätzliche Überlegungen über mein Leben und vor allem über häufig wiederkehrende Konfliktsituationen angestellt habe. Damals habe ich mich oft von anderen Menschen, ihren verständnislosen Äußerungen und ihrem ungerechten Verhalten verletzt gefühlt. Eines Tages habe ich mich aber gefragt, wie es denn sein könne, daß ich selbst über Personen, die mir an sich unwichtig waren, tagelang nachdächte und mir durch endloses Wiederholen irgendeiner lieblosen Bemerkung selbst die Tage vergällte. Ich kam zu dem Schluß, die Relation stimme überhaupt nicht, es lohne sich gar nicht, mit Leuten zu streiten, die mir weder nahe stehen noch meine besondere Wertschätzung genießen. Ich konnte doch nicht Hinz und Kunz erlauben, über meine Befindlichkeit zu bestimmen, ihnen so unangemessen viel Raum in meinem Leben geben. Seither habe ich es mir zur Regel gemacht, mich nur noch auf Auseinandersetzungen mit Leuten einzulassen, mit denen ich mich danach auch wieder versöhnen möchte.

Das Kriterium ist: Will ich mit der- oder demjenigen irgendwann auch abendessen gehen, ja oder nein? Wenn ja, dann lohnt sich die investierte Aufmerksamkeit, dann ist es gut, Unstimmigkeiten zu klären und auszugleichen. Wenn nein, überlege ich mir nur noch eine passende Strategie, um die gemeinsame Aufgabe möglichst rasch und schmerzlos zu lösen und dabei das bestmögliche Ergebnis zu erreichen. Ich gebe also seither zwischenmenschlichen Auseinandersetzungen nur soviel Gewicht, wie unbedingt nötig. Das heißt nicht, daß ich völlig abgeklärt agiere, aber doch, daß ich mich mit Erlebnissen, die mir nicht gefallen, nur kurz beschäftige und so wenig wie möglich darüber rede.

Auch das gehört nämlich untrennbar zum Thema dieses Kapitels: Mit Aufmerksamkeit ist nämlich nicht nur gemeint, wieviel Bedeutung ich einer Sache gebe, sondern auch, wie oft und in welcher Form ich mich damit beschäftige. Das heißt, es hilft in diesem Zusammenhang wenig, gleichzeitig zu behaupten, es liege einem wenig an einem gewissen Herrn XY, aber doch stundenlang allen Mitarbeitern im Büro und auch noch der besten Freundin am Telefon in aller Ausführlichkeit die neuesten Fettnäpfchen-Aktionen eben dieses Herrn zu schildern. Das ist Aufmerksamkeit, da gibt es nichts zu deuteln.

Und Aufmerksamkeit ist Energie, in Gedanken, Worten und/oder Taten ausgedrückte Kraft.

Hand aufs Herz, wie fühlen Sie sich bei einer solchen Aktion? Geht's Ihnen – abgesehen von ein bißchen Genugtuung, daß XY wieder einmal bewiesen hat, was Sie ja schon längst gesagt haben, und daß Sie jetzt einen Anlaß gefunden haben, sich an ihm zu rächen, indem Sie sein Image auch bei anderen mit Fug und Recht zermalmen – gut dabei? Sind Sie entspannt und voller Lebensfreude? Geht Ihnen danach die Arbeit besonders leicht von der Hand? Verbringen Sie den Abend in besonders liebevoller Zweisamkeit mit Ihrem Partner? Hat sich irgendetwas auf diesem Planeten dadurch verbessert?

Wahr ist doch und leicht zu beobachten, daß es dieselben Menschen sind, die beruflich und privat erfolgreich und zufrieden sind und die eben nicht zu diesen Schimpf- und Nörgelorgien neigen, die eher versöhnlich als überkritisch reagieren. Das heißt, hier könnte ein Zusammenhang bestehen. Schamanen sehen den ganz klar darin, daß dasjenige im Leben, der Teil, auf den wir unsere Aufmerksamkeit lenken, wächst, an Raum und Bedeutung gewinnt und unser persönliches Erleben, unsere subjektive Wirklichkeit bestimmt. Wir haben es also in der Hand, unsere Energie via Gedanken dorthin fließen zu lassen, wo wir etwas groß und stark machen wollen.

Wenn Sie also Ihre Zeit damit verbringen, negative Ereignisse immer wieder zu schildern oder darüber nachzudenken, werden diese in Ihrer subjektiven Wirklichkeit immer wichtiger. Sie gewinnen den Eindruck, die Welt sei durch und durch verderbt und schlecht und das Leben in ihr eine Qual. Der Nebeneffekt ist, daß sich Ihr KU dagegen auflehnt (Sie erinnern sich, KU wünscht sich Zuneigung und Wohlbefinden), daß Sie in Streß geraten und daß sich in Ihrem Körper willkürlich und unwillkürlich gesteuerte Muskeln verkrampfen. Das gilt auch für die Muskelfasern, in die Ihre inneren Organe, Ihre Nerven und Blutgefäße eingebettet sind. Sie fühlen sich daher à la longue nicht nur subjektiv schlecht, sie werden mit einer solchen Einstellung auch wirklich krank.

Entschließen Sie sich dazu, die Unerfreulichkeiten zwar zu registrieren, festzustellen, was Sie selbst zu einer Verbesserung beitragen könnten oder wo der heilsame und lehrreiche Aspekt dabei zu finden sei, sich dann aber nur noch mit möglichen Lösungen zu beschäftigen. Falls Sie keine sehen, beschäftigen Sie sich mit etwas anderem, das für Sie wohltuend und konstruktiv ist. So gewinnen diese Aspekte die Oberhand in Ihrer Wahrnehmung und Befindlichkeit. Sie entspannen sich wieder, Ihre Energie kann frei fließen, und alle Ihre körperlichen und geistigen Potentiale sind verfügbar.

Nur um jeglicher Fehlinterpretation vorzubeugen: Gemäß schamanischer Auffassung ist es nicht ein uns ungerechterweise zugeteiltes Schicksal, eben mit allem und jedem hadern zu müssen, immer und vor allem das Schreckliche und Beklemmende zu sehen. Es ist das Ergebnis einer vielleicht bisher unbewußten Entscheidung. Spätestens nach der Lektüre dieses Kapitels können Sie sich aber auf Ihr Unwissen nicht mehr ausreden. Danach können Sie sich nur noch gegen dieses Weltbild entscheiden, was Ihnen ja jederzeit freisteht. Wenn Sie sich damit besser fühlen …

Gehen wir davon aus, daß wir uns den Ausschnitt an Wirklichkeit, der sich in unserem Dasein auswirkt, auswählen können, sind wir imstande, auch unsere bisherige Auswahl, sofern sie uns nicht mehr zusagt, zu revidieren. Wir sind augenblicklich die machtvollen Schöpfer unserer persönlichen Realität. Alles, was sich bisher nicht bewährt hat, was weder Liebe noch Freude in unserem Leben vermehrt hat, können wir gegen neue geistige Konzepte eintauschen, die zu unserer neuen Ausrichtung passen. Es steht uns frei, uns in unserer Haut gut und heimisch zu fühlen.

Damit ist natürlich nicht gesagt, daß wir als Menschen jemals der Polarität entrinnen können, daß es nicht zutiefst integraler Bestandteil unseres Seins ist, immer wieder auch mit Leid und Schmerz, mit Mißerfolgen und Enttäuschungen fertig werden zu müssen. Aber ich will damit sehr wohl behaupten, daß es möglich ist, immer wieder in einen heilen, harmonischen Zustand zurückzufinden, daß es sich lohnt, den unerfreulichen Bereichen nicht mehr Bedeutung als unbedingt nötig zu geben. Auch für mich gilt beim Schreiben dieses Buches dasselbe Gesetz: Ich erzähle Ihnen so wenig wie möglich, was auf Ihrem Weg alles schwierig werden kann, ich lenke Ihre Aufmerksamkeit auf den heilenden, liebevollen Aspekt Ihrer geistigen Möglichkeiten und auf die wunderbare Unterstützung durch ein schamanisch-magisches Weltbild.

Zurück zur „selffulfilling prophecy“: Damit ist eben nicht nur gemeint, daß jemand einer richtigen Vorahnung folgend, schon den guten oder schlechten Ausgang einer Angelegenheit richtig vorhersagt, sondern vielmehr durch seine Prophezeiung und die dahinter stehenden Denkmuster kreiert. KU ist folgsam und will Anerkennung, habe ich Ihnen erklärt, es tut alles, um für die genaue Umsetzung der vorgegebenen Glaubenssätze gelobt zu werden, mögen auch diese noch so verquer und unheilvoll sein. Daraus folgt, und darin sind sich Psychologen und

Schamanen einig: Destruktive, lieblose, unglückliche Gedanken ziehen dazu passende Ereignisse nach sich.

Schamanen sehen das, ähnlich wie die Teilchenphysiker, als buchstäbliches Erschaffen einer Art persönlicher Realität, sie meinen, Wirklichkeit sei nicht eine objektiv wahrnehmbare, außerhalb unserer selbst befindliche Ansammlung von Fakten. Psychologen würden den Begriff eher mit einer unbewußten Programmierung des Unterbewußtseins verbinden, die dazu führt, daß sich jemand in tausend kleinen Details genau so verhält, wie es seiner Einstellung entspricht, und damit sich selbst gewisse Erfahrungen inszeniert. Ein paar simple Beispiele dazu: Auf dem Glaubenssatz „Alle Männer sind Schweine" hat noch keine Frau eine glückliche Beziehung zu einem Mann aufgebaut. Ganz im Gegenteil! Und Kinder, denen Eltern jede Schandtat, aber wenig eigene Vernunft zutrauen, bereiten ihren Eltern keinerlei Enttäuschungen. Sie machen wirklich in der Schule Probleme, übernehmen keine Verantwortung und suchen sich die falschen Freunde. Ganz wie es sich ihre Erziehungsberechtigten ausgemalt haben.

Das heißt im Klartext: Wenn Sie sich oft und gerne vorstellen, was alles schiefgehen könnte, übernimmt KU diese Bilder als Bestellung und trifft dementsprechend alle diese vielen kleinen Entscheidungen, die uns im Tagesablauf gar nicht bewußt werden: Wann wir genau das Haus verlassen und dadurch jemandem begegnen oder auch nicht, welche Zeitung wir wo aufschlagen, an welchem Artikel wir hängen bleiben oder auch nicht und welche Information dadurch bei uns ankommt oder auch nicht, was wir essen oder einkaufen, ob wir in dieses oder jenes Geschäft gehen, diese oder jene Fernsehsendung mitkriegen, den oder jenen zu einem bestimmten Zeitpunkt anrufen und so fort. Viele, viele Details, die keineswegs alle gut überlegt werden. Sie alle werden von unseren Gedankenmustern angezogen, finden dementsprechend in unserem Leben statt und prägen unser Lebensgefühl ganz entscheidend. Das sind – um es in Alltagssprache auszudrücken – die berühmten glücklichen oder unglücklichen Zufälle. Das, was einem halt so zufällt.

Darum rate ich Ihnen ganz eindringlich: Denken Sie so viel und oft und intensiv Sie können an das, was Sie wollen, und so wenig wie nur irgendwie möglich an das, was Sie nicht wollen!

Ziehen Sie ganz bewußt die Aufmerksamkeit von allem ab, womit Sie sich schlecht fühlen, was Sie wütend oder Ihnen Angst macht. Bleiben Sie niemals in solchen Horrorvisionen hängen, sondern suchen Sie nach Lösungen und Veränderungen. Diese müssen nicht unbedingt dem folgen, was so landläufig unter einer realistischen Einschätzung der Situation verstanden wird. Genies haben die angeblichen Grenzen des Möglichen immer gesprengt. Fortschritt gibt es nur, wenn sich jemand vom bisher Bekannten nicht einschränken läßt, wenn er seiner Phantasie freien Lauf läßt. Darum machen Sie sich bunte, helle, sinnliche und detailreiche Bilder von dem, was Sie sich wünschen, egal, ob Sie sich die Umsetzung in unsere alltägliche Wirklichkeit vorstellen können oder nicht. Es könnte ja sein, daß Sie einfach nicht über die gesamte Information, die es zu Ihrem Thema gibt, verfügen.

Seien Sie in Ihren Gedanken kühn und mutig. Richtig für Sie ist, was sich für Sie richtig anfühlt, was unmittelbar dazu beiträgt, daß sich

Ihre Stimmung hebt, daß Sie sich entspannen und wohlfühlen. Wenn Sie befürchten, sich lächerlich zu machen, behalten Sie Ihre Träume einfach für sich. Es ist früh genug, darüber zu reden, wenn sie sich manifestieren. Dann kann Sie auch niemand mehr verunsichern.

Noch ein paar Geschichten, die illustrieren sollen, wie schnell und leicht Veränderung auch in der alltäglichen Wirklichkeit stattfinden kann: Eine junge, begabte Frau arbeitete beim Film und schaffte es über Jahre nicht, endlich einmal mehr als das Existenzminimum zu verdienen, obwohl sie und ihre Arbeit sehr geschätzt wurden. Dahinter stand das geistige Konzept, daß ihr nicht mehr zustehe, daß sie immer sehr viel arbeiten müsse, um gerade noch zu überleben. Ich fragte sie also, was es denn ihrer Meinung nach an Möglichkeiten gäbe, daß ihr Geld ohne große Anstrengungen zufließen könne. Nach längerem Gespräch kamen wir auf Preisausschreiben und Lotto (wozu man sich tunlichst ein Los besorgen sollte, sonst wird's schwierig), auf Finderlohn für etwas Wertvolles, das man bei der Polizei abgeliefert hat, und ganz prinzipiell auf bessere Gagen. Sie selbst befaßte sich noch zwei Tage länger brainstorming-mäßig damit. Am dritten rief sie mich an, der Briefträger hatte gerade 2000 Schilling aus einem uralten, längst aufgegebenen Versicherungsfall abgeliefert. Und weitere zwei Wochen danach erhielt sie für ein Projekt, bei dem sie nach der Hälfte der Zeit krankheitshalber ausgefallen war, die volle Bezahlung.

Was ich damit sagen will, ist folgendes: Es kommt nicht darauf an, sofort die richtigen Wege und Lösungen zu finden, es genügt völlig, die Aufmerksamkeit von dem alten, wenig zielführenden Denkmuster abzuziehen und zuzulassen, daß es im Kosmos noch ein paar andere Varianten geben könnte. Der Rest findet sich dann schon.

Eine andere Frau erzählte mir, daß sie privat und beruflich, körperlich wie seelisch am Ende sei. Gerade als sie es fast schon geschafft hatte, sich beruflich zu etablieren, wurde bei ihr Krebs in fortgeschrittenem Stadium konstatiert. Ihre Lebenserwartung sollte noch drei Monate betragen. Sie lebt jetzt schon zwei Jahre länger, als es ihr die Ärzte zugebilligt hatten, aber sie hat sich ihr Leben auf andere Weise vermurkst. Ein schlecht bezahlter Job, für den sie weit überqualifiziert war, 26 Kilo, die sie sich im ersten Jahr nach der Krebsoperation draufgefuttert hatte, ein Behindertenausweis, der ihr zwar die jetzige Stelle sicherte, aber andere Arbeitgeber abschreckte, da sie damit unkündbar war, ein kranker Hund, mit dem sie aus finanziellen Gründen nicht zum Tierarzt gehen konnte, ein kaputter Computer und die fällig gewordene Bürgschaft für einen Kredit ihrer Mutter, die in Konkurs gegangen war.

Nach einer Woche mit teilweise veränderten Denkmustern kam der erste kleine Nebenerwerb dazu, die Lebensgeister des Spaniels kehrten zurück (sagt auch der Tierarzt), der Computertechniker vermittelte den zweiten, besser bezahlten Nebenjob, und die ersten vier Kilo sind auch schon weg. Jetzt ist sie guten Mutes, daß sich die restlichen Verwicklungen auch noch entwirren und in freundliche Strukturen verwandeln werden.

Außenwelt spiegelt Innenwelt, Sie können aus Ihren Erlebnissen immer auf Ihre, wenn auch vielleicht nicht bewußten Erwartungen schließen. Ja, es kann noch viel verzwickter sein: Es kann sein, daß Sie Ihre bewußten Gedanken auf positive, erwünschte Ziele ausrichten, daß aber Ihre geheimen, unterbewußten Erwartungen dem entgegenstehen.

Es könnte zum Beispiel sein, daß Sie sich die hübschesten Vorstellungen von trauter Zweisamkeit mit Ihrer Traumfrau oder Ihrem Märchenprinzen machen, aber insgeheim sich selbst nicht für liebenswert oder Beziehungen ganz generell für wenig dauerhaft halten. Das führt dann dazu, daß KU es mit widersprüchlichen Vorgaben zu tun hat und nicht zielstrebig vorgehen kann. Daß sich Ihre Träume nicht in der alltäglichen Wirklichkeit manifestieren können.

Wenn Sie solche Erfahrungen machen, sollten Sie Ihren seelischen Abgründen mithilfe von Divinationtechniken nachspüren. Pendel, Tarot oder Steine sind durchaus geeignete Werkzeuge, um unbewußte Hindernisse aufzuspüren. Und wenn Sie auf diesem Umweg die Mitteilungen von KU in den Bereich des Bewußtseins gehoben haben, können Sie sich entweder damit beschäftigen, auch noch diese Strukturen umzupolen oder Sie gehen – ganz der schamanischen Tradition entsprechend – auf eine symbolische Ebene, erschaffen oder ermächtigen ein imaginiertes oder auch materielles Symbol für Ihr inneres Hindernis und entfernen dieses auf eine Weise, die Ihrem Ku glaubhaft macht, daß die Begrenzung ab jetzt keine Rolle mehr spielt. Das heißt, Sie bauen entweder in einer Visualisierung Barrieren ab, gestalten die beschränkenden Vorstellungen um oder vergraben oder verbrennen einen Gegenstand, der für Sie stellvertretend für Ihre bisherigen Denkstrukturen steht. Wählen Sie die Methode, die Ihnen am besten entspricht.

Was auch immer Sie im Leben erreichen möchten, wie auch immer Sie sich Ihre Lebensumstände wünschen, wie leicht oder schwierig Ihnen die Umsetzung Ihrer Ziele auch scheinen mag, eines stimmt immer und in jeder Situation: **Lenken Sie Ihre Aufmerksamkeit so umfassend,**

wie Sie nur können, auf das, was Sie wollen, und ziehen Sie sie von dem ab, was Sie nicht wollen. Sie verstärken mit Ihrer geistigen Kraft immer den Bereich und die Umstände, denen Sie sich zuwenden. Sie erschaffen dadurch in jedem Augenblick die Welt mit und gestalten Ihre ganz persönliche Wirklichkeit.

Macht und Respekt

Adler, Krafttier der Schamanen in vielen Kulturen, sibirische Darstellung

Im deutschen Sprachgebrauch gibt es ein Problem mit dem Begriff „Macht", wir meinen damit nämlich sowohl die Kraft und Fähigkeit zu etwas (so kann man zum Beispiel einer Fremdsprache mächtig sein) als auch die nicht immer sachlich gerechtfertigte Autorität, die jemand ausübt (jemand ist an der Macht, was nicht heißt, daß er dafür auch wirklich geeignet ist). Was uns im Deutschen abgeht, ist ein Pendant zum englischen Wort „power", das sowohl „Kraft" als auch „Macht zu etwas" meint, die „Macht über etwas oder jemanden" wäre viel eher mit „authority" zu übersetzen.

Wenn Schamanen und Magier von Macht reden, meinen sie eine bestimmte Kraft und das Wissen um ihre Wirkung, wobei sie sich auch gleichzeitig der Haltung und der entsprechenden Regeln, die bei ihrem Einsatz zu beachten sind, bewußt sind. Es handelt sich bei ihnen immer um Sachautorität, da die Anmaßung eines Potentials, das sich nicht auch zeigt und manifestiert, in den Stammeskulturen niemals akzeptiert wird. Das geht so weit, daß es in nativen Kulturen noch heute vorkommen kann, daß ein Schamane, der sein Handwerk nicht beherrscht, aus der Gemeinschaft vertrieben oder sogar getötet wird.

Damit ist nicht gemeint, daß einem Schamanen die absolute Herrschaft über Leben und Tod oder das Wohl und Wehe seiner Brüder und Schwestern gegeben ist, es wird von ihm nicht verlangt, daß er jeden heilen können muß. Was aber sehr wohl von ihm eingefordert wird, ist, daß seine Mitteilungen aus der nicht alltäglichen Wirklichkeit mit dem übereinstimmen, was sich in der alltäglichen Realität ereignet, daß seine Prophezeiungen in Erfüllung gehen, daß er jemanden auch wirklich heilt, wenn er behauptet hat, es zu können. Wenn er ganz offensichtlich keinen Kanal zur Welt der Geister hat oder wenn ihm die Götter nachweislich nicht wohlgesinnt sind und daher seine Gebete nicht erhören, ist er für diese Aufgabe im Stamm nicht geeignet. Stellen Sie sich einmal so strenge Maßstäbe an Ärzte und Priester in unserer Kultur angelegt vor – da würde sich in unserem Umfeld einiges verändern.

Wenn also ein Schamane die Macht hat, als Mittler zwischen den Welten zu fungieren, hat er im selben Augenblick auch die Pflicht, damit so respekt- und verantwortungsvoll umzugehen, daß er damit kein Unheil anrichtet und seine Kraft vielleicht sogar dadurch verliert. Er genießt hohes Ansehen und Vertrauen in seinem Stamm und fällt tief von der sozialen Leiter, wenn sich herausstellen sollte, daß er sich mehr angemaßt hat, als er einlösen kann.

Natürlich geht es auch in den nativen Traditionen nicht immer nur sanft und liebevoll zu, dort werden geistige Kräfte durchaus auch eingesetzt, um Menschen unter fremden Einfluß zu bringen oder ihnen sogar direkt zu schaden. Wer diesen schwarzmagischen Weg geht, ist aber kein Schamane, sondern ein Zauberer, wobei sich das Vorgehen der beiden nicht durch die angewendeten Methoden, sondern durch die Absicht dahinter unterscheidet.

Letztere leben gefährlich, da es nicht möglich ist, sich mit negativen, destruktiven Denkmustern zu befassen, ohne sich selbst dadurch unmittelbar zu schaden. Es bedarf gar nicht des Umwegs über einen gut geschützten Adressaten, der alle bösen Wünsche an den Absender retourniert. Schon die Ausrichtung der Gedanken darauf, wie man einen anderen Menschen manipulieren oder ihm etwas Übles antun könnte, bewirkt einen Energieabfall im System des Zauberers. Serge Kahili King, der Kahuna aus Kauai, erzählte einmal, daß er in den sieben Jahren, die er in Westafrika gelebt und bei Voodoopriestern gelernt hat, nicht einem einzigen alten Schwarzmagier begegnet ist. Zauberer leben anscheinend nicht lange, das ist in Westafrika bekannt. Trotzdem erliegen immer wieder Menschen der Versuchung, ihr Wissen selbstsüchtig und lieblos einzusetzen. Zum Machtmißbrauch gehört nämlich in der Regel nicht nur eine verschobene Wahrnehmung dessen, was unsere Aufgabe auf diesem Planeten ist, sondern auch die Fehleinschätzung des eigenen Potentials. Jeder, der sich auf diesen zerstörerischen Weg begibt, geht davon aus, daß ihm die Fehler seines Lehrers nicht unterlaufen, daß er der Allergrößte und -stärkste sei.

Was dabei aber übersehen wird, ist die Tatsache, daß der Weg der Liebe und Harmonie nicht nur der angenehmere und ungefährlichere ist. Er ist auch der effektivere. Niemals bekommt ein Schwarzmagier auf Dauer so viel Unterstützung auf allen Ebenen wie ein Heiler. Er muß ständig auf der Hut sein, ist allein und anfechtbar. Bedenken Sie nur, was für einen Aufwand auch Diktatoren betreiben, um sich vor ihren Widersachern zu schützen. Und alle werden sie früher oder später gestürzt, kaum einer stirbt zu Hause in seinem Bett.

Auch Heiler haben natürlich nicht nur Freunde, aber sie sind energetisch in einer besseren Situation. Erstens gewinnen sie aus ihrer Tätigkeit, aus der Freude an jedem Geheilten, unmittelbar Energie zurück und zweitens, wie gesagt, erhalten sie Hilfe von der „anderen Seite", wie José Silva, der die „Silva Mind Control Method" entwickelt hat, die immateriellen Welten bezeichnet. „Jeder, dessen Intentionen über seine ureigensten Interessen hinausreichen", sagt er, „der also im weitesten Sinne die Lebensbedingungen auf diesem Planeten auch für seine Mitmenschen verbessert, wird von Wesenheiten aus der nicht alltäglichen Wirklichkeit unterstützt." Wobei sich nun jeder unter den Helfern von drüben vorstellen kann, was seinem Weltbild entspricht: Gott, Engel, Naturgeister oder andere unsichtbare Mächte.

Was in fremden Kulturen so dramatisch klingt, verhält sich aber für den Stadtschamanen hierzulande nicht anders. Es gibt keine größere Verführung für Magier als die, die gewonnene Macht auch in Bereichen auszuprobieren, wo ihnen das nicht zusteht, ihre Grenzen auszuloten, sich für überlegen zu halten und daraus das Recht abzuleiten, sich in das Leben anderer, schwächer eingeschätzter Menschen einzumischen. Vielleicht sogar noch mit der Behauptung, sie wollten ja nur das Beste für jene anderen. Eine Haltung, die im übrigen nicht nur bei Magiern falsch und unzulässig ist.

Der Respekt vor jedem Lebewesen gebietet es, sich nicht nach eigenem Gutdünken drüberzustülpen, sondern zu fragen, was es selbst möchte und für angemessen halte. Schamanen reden mit jedem Tier und jeder Pflanze, die sie für ihre Zwecke als Nahrung oder Heilmittel benötigen. Denselben Anspruch auf Achtung vor seiner ganz speziellen Persönlichkeit hat selbstverständlich jeder Mensch. In Wirklichkeit kann man nur jemandem helfen, der um Hilfe gebeten hat, weil er nur dann bereit ist, Hilfe auch anzunehmen. Die Besserwisserei, was für irgendwen gut wäre, ist nicht nur respektlos, sondern auch ineffektiv.

Magie, die die Grenzen der Liebe und des Respekts nicht achtet und einhält, ist schwarze Magie. Ein Schamane oder Magier, der nicht auf Abwege geraten will, muß immer die Haltung einnehmen, daß es jedem Menschen zusteht, sich sein Schicksal nach eigenen Vorstellungen zu gestalten, sich in seinem eigenen Tempo zu entwickeln oder auch nicht, zu lernen oder auch nicht. Das ist nicht immer ganz leicht, ja, es kann sogar ziemlich belastend sein, jemanden, den man gerne hat, in sein – angebliches – Unglück laufen lassen zu müssen. Es ist allerdings in Wahrheit gar nicht zu verhindern, jeder gestaltet sich seine notwendigen Erfahrungen auf seine Weise, ob das nun ein Außenstehender begreift oder nicht. Wir können anderen Menschen immer nur ein Angebot machen, annehmen müssen sie es selbst. Oder auch nicht.

So sagt eine der grundlegenden Regeln in der schamanisch-magischen Arbeit eben, daß sie für andere nur auf deren ausdrücklichen Wunsch eingesetzt werden darf. Selbst wenn die heimliche Einmischung kurzfristig wirkungsvoll wäre, würde sie nichts an der grundsätzlichen Problematik des anderen ändern, er hätte nichts gelernt. Gute Wünsche, die andere Leute betreffen, können immer nur wie ein Geschenkpaket übermittelt werden, mit dem ausdrücklichen Vorbehalt, daß es den Adressaten überlassen bleibt, wie sie damit umgehen, ob sie die Gabe annehmen oder nicht.

Magie sollte so sparsam wie möglich eingesetzt werden, sie ersetzt niemals die notwendigen Schritte auf der Ersten Ebene, sie ergänzt sie dort, wo sich auf der Ersten Ebene nichts mehr machen läßt, wo der direkte Zugang umständehalber verwehrt ist. Selbst wenn es gelingen sollte – um ein simples Beispiel zu wählen –, telepathisch die richtigen Antworten auf Prüfungsfragen herauszufinden, obwohl man nichts gelernt hat – auf diese Weise kann man sich vielleicht ein bestimmtes Zeugnis organisieren, den Unterrichtsstoff beherrscht man deswegen noch lange nicht. Also lohnt sich so etwas auf die Dauer niemals.

Nützen Sie magische Fertigkeiten so wenig wie nur möglich für sich selbst, für ihre persönlichen Interessen! Ein Schamane stellt sich und sein Wissen fast immer seinen Mitmenschen zur Verfügung und benützt seinen Zugang zu anderen Welten nicht für den eigenen Vorteil. Nützen Sie die Magie aber doch so viel wie nötig für sich selbst, für Ihre Entwicklung, für die Erweiterung Ihres Blickwinkels auf die Welt, für die präzise Weichenstellung in Ihrem Leben! Lernen Sie auf diese Weise, in möglichst gutem, ausgeglichenem, heilem Zustand zu sein, um Ihren Platz im Kosmos möglich gut auszufüllen!

Bedenken Sie immer, daß sich Ihre Vorstellungen manifestieren, Ihre unbewußten Denkmuster ebenso wie Ihre bewußten. Wenn sich in Ihrem Leben unerfreuliche Dinge ereignen, sind diese oder zumindest Ihr Umgang damit vielmehr das Ergebnis Ihrer Glaubenssätze als das Werk eines übelwollenden Menschen oder eines ungerechten Schicksals. Wir leben nun einmal in der Polarität dieses irdischen Daseins und mit den Konsequenzen daraus. Niemandem geht es immer nur gut, keiner hat immer nur Glück. Welche Bedeutung Ereignisse aber für uns haben, wie wir damit umgehen, wie lange sie sich wie auswirken, entscheiden wir selbst. Wenn es Ihnen gelingt, über Ihre eigene Nasenspitze hinauszuschauen, sich selbst nicht so furchtbar ernst und wichtig zu nehmen, haben Sie schon die besten Voraussetzungen, magische Techniken weise und liebevoll einzusetzen.

Ich bin durchaus der Überzeugung, daß sich innerer und äußerer Reichtum nicht ausschließen, daß auch die biblische Geschichte vom Kamel und dem Nadelöhr nur ein Gedankenmuster ist. Wovon ich aber ausgehe, ist, daß die Materie dem Geist nachfolgt, daß Wohlstand nicht ein Lebensziel, sondern der angenehme Nebeneffekt konstruktiven, respektvollen Verhaltens sein kann. Es geht um Harmonie in Ihrer Seele, um die Freiheit, das zu tun, was man für sich selbst als richtig erkannt hat, nicht um Armut. Daß einer kein Geld hat, macht ihn noch nicht zu einem spirituell hochentwickelten Wesen. Der calvinistische Umkehrschluß, daß Reichtum ein Zeichen dafür sei, daß man besonders gottgefällig lebe, ist natürlich ebenso unzulässig und unsinnig.

Was ich aber durchaus sehe, ist, daß Bequemlichkeit, Eitelkeit, Macht und Prestige, Verhaftetsein in der materiellen Welt, wie das im Buddhismus genannt wird, jemanden dazu verführen können, die äußeren Umstände seines Lebens zu wichtig zu nehmen, ihre Bedeutung zu überschätzen. In diesem Fall besteht die Gefahr, daß sich jemand zutiefst angegriffen und gefährdet fühlt, wenn er sich des finanziellen Überflusses nicht mehr ganz sicher sein kann. Daß er dann vielleicht sogar auf die Idee kommt, alle Mittel und Methoden einzusetzen, um sich den gewohnten Status zu erhalten. Und da wird es problematisch.

Mißbrauch der geistigen Kräfte hat Folgen, sei es, daß sie einem abhanden kommen oder daß man sich dabei Schlimmeres einhandelt, als man abzuwenden versucht hat. Spektakulär erfolgreiche Geistheiler in Brasilien, die begonnen hatten, ihre Fähigkeiten zur reinen Geschäftemacherei einzusetzen, haben diese zynische Umorientierung nicht lange überlebt.

Das Schlüsselwort für den sinnvollen und verantwortlichen Umgang mit jedem energetischen Potential heißt Respekt. Wenn Sie jedem Wesen sein eigenes Leben und seinen eigenen Platz zubilligen, wenn Sie akzeptieren, daß jedes und jeder seinen eigenen speziell begrenzten Ausschnitt an Wirklichkeit wahrnimmt – auch Sie selbst –, können Sie im Umgang mit der Magie eigentlich schon nichts mehr falsch machen.

Machen Sie Respekt und Liebe zur Richtschnur für alle Ihre Handlungen, auf welchen Ebenen auch immer! Dann werden Sie auch Ihre erweiterten Möglichkeiten, Ihre Macht segensreich einsetzen. Dann haben Sie die richtige schamanische Einstellung, dann sind Sie heil und heilen!

Beten und Anrufen

Regenbogenmann,
hawaiianischer Kahuna, Petroglyphe

Das Gebet mit Worten ist nur eine der möglichen Kommunikationsformen mit Geistwesen, es ist aber die in unserem Umfeld gebräuchlichste. Alle Menschen beten, auch wenn ihnen das überhaupt nicht bewußt ist. Sie wenden sich mit Stoßseufzern oder in unreflektierten Redewendungen an Gott, an Fortuna, die Glücksgöttin, an Menschen, denen sie Kräfte zuschreiben, die weit über ihre eigenen hinausreichen, an die Sonne, den Wind oder das Meer als personifizierte Naturgewalten. Sie verwenden Formulierungen wie „Grüß Gott" und „Gottseidank", lassen sich von Musen küssen, begrüßen ihre Stadt, loben den Geist des Weines und verständigen sich mit dem Wettergott.

Bemerkenswert ist, daß es weitgehende Entsprechungen zwischen der Auffassung in unserer christlichen Tradition und den Formen des Gebets in fremden Kulturen gibt, daß die Struktur der Gebete offensichtlich aus dem Alten Wissen, aus unserem archetypischen, genetisch verankerten Erfahrungsschatz stammt. Dazu gehört das offensichtlich vertraute Gefühl, daß wir nicht alleingelassen und nur auf uns gestellt sind, daß wir vielmehr Freunde in den nichtalltäglichen Bereichen der Wirklichkeit haben, mit denen wir Verbindung aufnehmen können.

Zum Aufbau jedes wirkungsvollen Gebets gehören fünf charakteristische, unverzichtbare Aspekte:

1. **Begrüßung und gerichtete Aufmerksamkeit:** Dabei bleibt es uns überlassen, wie wir uns annähern, ob wir eine Anrede wählen, wie sie einer höhergestellten Person zukommt, oder einen eher gleichrangig-freundschaftlichen Stil pflegen. Das hängt nur davon ab, was wir selbst als angemessen empfinden und wie wir unsere Position in Relation zur angerufenen Wesenheit sehen. Hawaiianer zum Beispiel betrachten alle Gottheiten und Naturgeister als Freunde und Spezialisten im Umgang mit einer besonderen Energie. Sie gehen davon aus, daß sie nur klar sagen müssen, was sie benötigen, und daß ihnen ihre Freunde aus der nichtalltäglichen Wirklichkeit selbstverständlich gerne bei der Manifestation dieses Wunsches behilflich sind. Sie werfen sich vor Naturgeistern ebenso wenig auf die Knie, wie sie das vor dem Installateur tun würden, nur weil sie gerade dessen besondere Fähigkeiten beanspruchen. Sie arbeiten liebevoll mit allen Energien und Wesenheiten zusammen, ohne sich aber einer strengen Hierarchie unterzuordnen.

Don Eduardo, der peruanische Schamane, brachte zur Einleitung eines Rituals Stunden damit zu, alle Geister des Ortes, der Elemente und seine geistigen Meister und Lehrer anzurufen, sie zu preisen und zur Mitarbeit einzuladen. Aber auch er war dabei nie unterwürfig und devot.

2. **Loben und Preisen:** Im vorigen Absatz ist schon angeklungen, worauf es dabei ankommt: Es geht um das bewußte Anerkennen der Fähigkeiten und Qualitäten der angerufenen Wesenheit. Schließlich würde es wenig Sinn machen, sich an jemanden zu wenden, dem man

keinerlei Kompetenz zur Bewältigung des gerade anstehenden Problems zutraut. Angemessen ist daher, diese Kraft auch anzusprechen und so auch dem eigenen Unterbewußten vernehmlich mitzuteilen, daß es nun Hilfe von einer kundigen, machtvollen Gottheit erhält und dieser vertrauen kann.

Unangemessen wäre nach schamanischer Auffassung allerdings, jegliche Verantwortung für das eigene Wohl und Wehe an eine höhere Macht abzugeben und sich wie ein hilfloses Kleinkind zu verhalten. Es gibt keinen Grund, sich auf die Erde zu werfen und sich der Gnade oder Ungnade irgendeines Geistwesens auszuliefern. Wir sind und bleiben die Schöpfer unserer persönlichen Wirklichkeit, haben aber die Möglichkeit, uns für unsere Anliegen Unterstützung zu organisieren. Auch in der nichtalltäglichen Wirklichkeit, der Welt der unsichtbaren Mächte und Kräfte.

3. **Anweisung und Ausrichtung:** Dabei handelt es sich um den vielleicht am schwierigsten zu formulierenden Teil des Gebets. Wir müssen nämlich wirklich wissen, was wir wollen, um unseren unsichtbaren Verbündeten die Richtung vorgeben zu können. Jede Unklarheit in der Anweisung hat Konsequenzen in der Durchführung, ebenso wie in unserer gewöhnlichen, materiellen Wirklichkeit.

Meiner Erfahrung nach sind die meisten Menschen gut imstande, in allen Details zu schildern, was sie alles nicht haben oder erleben möchten. Sie beschäftigen sich offensichtlich viel ausführlicher mit dem Unerwünschten als mit dem Erwünschten und wundern sich vielleicht darüber, warum in ihrem Leben soviel schiefgeht. Aus einer magischen

Weltsicht ist das ganz leicht zu erklären: Energie folgt der Aufmerksamkeit, das heißt, worauf auch immer wir unsere Aufmerksamkeit richten, dorthin fließt unsere Energie, verstärkt den Fokus unserer Gedanken und beschleunigt die Manifestation in der alltäglichen Realität.

Es gibt dazu die Theorie, daß die kosmischen Kräfte Negationen nicht verstehen, diese daher nicht umsetzen. Ich erkläre das lieber so: Die Fähigkeit, mit Imagination zu arbeiten, ist eher der rechten Gehirnhälfte zuzuordnen, die vorzugsweise mit ganzheitlichen, detailreichen, bildhaften Vorstellungen arbeitet. Ein Bild ist aber etwas, das einen Gegenstand, ein Symbol oder eine Szenerie darstellt, und keinen Nicht-Gegenstand, kein Nicht-Symbol und keine Nicht-Szenerie vermitteln kann.

Gesetzt den Fall, Sie befürchten eine bestimmte Entwicklung in Ihrem persönlichen Umfeld – Sie sehen die Schreckensvisionen vor sich, haben sie aber bisher in der Regel nicht gleich durchgestrichen oder, noch viel besser, durch angenehme, Wohlbefinden auslösende Bilder ersetzt. Die Folge davon ist, daß Sie genau diese unerwünschten Vorstellungen machtvoll aufladen und ihre Umsetzung in der Materie fördern.

Das einzige, was Sie in Zukunft vor solchen Erfahrungen bewahren kann, ist ein Umpolen in Ihrem Kopf, die bewußte Ausrichtung auf das, was Sie wollen, und das bewußte Abziehen jeglicher Aufmerksamkeit von dem, was Sie nicht wollen. Oder – um genau zu sein – das Anerkennen des Problems, eine genaue Analyse und das Wissen darum, daß es im Kosmos immer eine Fülle von Lösungsmöglichkeiten gibt, unabhängig davon, ob Sie sie bereits wahrnehmen können oder nicht.

So haben Sie also entweder die Möglichkeit, Ihren unsichtbaren Freunden genau zu sagen, wo Sie hinkommen und was Sie erreichen wollen, oder sich im Vertrauen auf ihre liebevolle Anteilnahme, ihr großes Wissen und ihre Weisheit ihrer Führung zu überlassen. Gerade so, wie Sie sich zum Beispiel für eine Tour in Ihnen unbekanntem Terrain an einen kundigen Bergführer wenden, vor dem Sie sich im übrigen auch nie auf die Knie werfen würden.

Sie können sich darauf verlassen, daß Naturgeister und andere Wesenheiten wohlmeinend sind und Ihnen bei Ihren Unternehmungen helfen, mit der einzigen Einschränkung, daß sie sich einer höheren Ordnung im Universum verpflichtet fühlen und Bestellungen, die manipulativ in das Leben und die Befindlichkeit anderer Menschen eingreifen würden, unberücksichtigt lassen.

Und noch etwas ist wichtig: Geben Sie das Ziel vor, so sinnlich und plastisch wahrnehmbar wie nur möglich, aber überlassen Sie die Durchführung den angerufenen unsichtbaren Helfern! Sagen Sie genau, was Sie brauchen, aber bestimmen Sie nicht, auf welchem Weg die Umsetzung zu erfolgen hat! Gehen Sie ruhig davon aus, daß Ihren Freunden viel mehr Lösungsvarianten einfallen und viel mehr Kanäle offenstehen, als Sie sich vorstellen können. Beschränken Sie die Manifestation nicht durch die Vorgabe, daß Sie nur Methoden aus Ihrem bisherigen Erfahrungsschatz akzeptieren! Machen Sie in Ihrem Leben eine Ecke frei für Wunder!

Kurzum, sagen Sie ganz klar, was Ihr Anliegen ist, und schwächen Sie diese Anweisung nicht dadurch ab, daß Sie von vorn herein schon Zweifel und Mißtrauen nähren! Stellen Sie sich nur vor, was dabei herauskäme, wenn Sie einem befreundeten Menschen, den Sie um seine Mitarbeit beim Übersiedeln gebeten haben, im gleichen Atemzug schon sagen: „Aber wer weiß, ob du überhaupt verläßlich, geschickt und stark genug für diese Arbeit bist?" Unzweifelhaft würde er Ihnen raten, sich doch an eine Spedition zu wenden und ihn in Frieden zu lassen. Sie hätten damit also nicht nur erreicht, daß er seine Bereitschaft zur Unterstützung zurücknimmt, Sie hätten es sich möglicherweise überhaupt mit ihm verscherzt und ihn als Freund verloren.

Dieses Beispiel läßt sich auch auf die nichtmaterielle Welt übertragen. Wenn Sie nicht das Zutrauen haben, daß Ihr Ansprechpartner eine liebevolle und machtvolle, wenn auch immaterielle Person ist, macht die ganze Anrufung keinen Sinn und das Ergebnis wird keineswegs Ihren Wünschen entsprechen.

4. **Wertschätzung und Anerkennung:** Gehen Sie davon aus, daß ab dem Zeitpunkt Ihres Gebets bereits an der Umsetzung gearbeitet wird, daß Sie keine Dienstzeiten und Überlastungen Ihrer geistigen Helfer berücksichtigen müssen. Obwohl es natürlich sein kann, daß sich alles in einem anderen Tempo entwickelt, als Sie es, Ihren irdischen Maßstäben gemäß, erwarten. Zeit ist eine Illusion, ein nützliches Denkmodell. In anderen Bewußtseinsebenen, im Traum, im Alpha-Zustand oder auf einer schamanischen Reise in die nichtalltägliche Wirklichkeit, und für Wesen, die nicht an einen materiellen Körper gebunden sind, gilt der gewohnte Zeitbegriff nicht. Daher kann es für ein menschliches Wesen so aussehen, als würden irgendwelche wichtigen Bestellungen viel zu lange nicht durchgeführt oder als

käme alles auf einmal und viel zu schnell auf es zu. Beides sind Feststellungen gemäß menschlicher Kriterien, die für Geistwesen ohne Bedeutung sind.

Verlassen Sie sich darauf, daß es für alles, auch für Ihre dringendsten Bedürfnisse, den richtigen Moment gibt, und daß unsere Freunde im Kosmos diesen kennen und berücksichtigen! Wenn die Ergebnisse Ihrer Anrufung zu früh eintreffen, könnten sie Sie unvorbereitet, in einer noch nicht abgeschlossenen Entwicklungsphase antreffen. Und wenn sie zu spät dran sind, brauchen Sie sie vielleicht gar nicht mehr. So verständlich Ihre Ungeduld sein mag, auch das Vertrauen in das kosmische Timing gehört zur Wertschätzung dazu.

Bedanken Sie sich nach Beendigung Ihrer Anrufung bereits für die freundliche Umsetzung Ihrer Bitte, wissend, daß diese schon angelaufen ist! Niemand, und schon gar keines der Geistwesen, hat Ihnen irgendetwas zu beweisen. Wenn Sie sich den Erfolg Ihrer Zusammenarbeit mit den anderen Welten vorstellen können, wenn Sie ganz sicher sind, daß Ihr Anliegen in kundigen Händen ist, ist es schon so gut wie durchgeführt, unabhängig davon, ob die Realisierung in der Materie für Sie bereits sichtbar geworden ist oder nicht. Also ist es nur konsequent, sich auch sofort für die liebevolle Manifestation zu bedanken.

Deshalb sagen die Hawaiianer am Ende eines Gebets:
„AMAMA! PAU!“ Was soviel heißt wie „So sei es! Erledigt!“ Sie drücken damit die feste Überzeugung aus, daß alles Notwendige von ihrer Seite getan ist und daß sie die Ergebnisse demnächst erfahren werden.

5. Erwartung und Zuversicht: Dieser Teil gehört nicht mehr zur eigentlichen Anrufung, er reicht weit darüber hinaus. Damit ist die Haltung gemeint, die Sie nach Beendigung Ihres Gebets beibehalten müssen, um den Erfolg nicht durch kontraproduktive Gedankenmuster, wie sie sich in Mißtrauen, Zweifel, Angst und Ungeduld äußern, in Frage zu stellen. Erwarten Sie das Beste, den bestmöglichen Ausgang der Geschichte, die größtmögliche Unterstützung aus der Anderwelt!

Sie können sicher sein, daß Ihre Bitten erhört werden und daß Ihnen Ihr Hinwenden zu Höheren Mächten nützen wird! Sie müssen sich nicht bescheiden, ein unendlicher Kosmos verfügt auch über unendliche, unerschöpfliche Ressourcen. Es steht Ihnen zu, kühne, große Visionen zu haben und dafür auch Unterstützung zu gewinnen, sofern Sie Ihr Glück nicht an das Unglück anderer Menschen binden oder sich mit magischen Methoden Macht über andere anmaßen wollen.

José Silva meint, wie gesagt, daß wir umso eher Unterstützung von der „anderen Seite" bekommen, je mehr unsere Motivation über unseren unmittelbaren, persönlichen Vorteil hinausreicht. Das verstärke die Wirkung unserer Bitten und Anrufungen. Aber ich meine, es gibt gar keinen Grund anzunehmen, daß wir nicht auch als Einzelpersonen jeden Anspruch auf die Fülle des Universums hätten. Voraussetzung ist nur, daß wir uns innerhalb der kosmischen Gesetze bewegen, also keine üblen, für unsere Mitmenschen destruktiven Absichten haben, und uns diese Fülle vorstellen können.

Ein Gebet im schamanischen Sinn kann durchaus auch einen ganz banalen Hintergrund haben, die Geistwesen machen keinen Unterschied zwischen wichtigen, wertvollen und weniger wichtigen Anliegen. In dieser Hinsicht bleibt alle Kompetenz bei uns selbst. Ob sich jemand Unterstützung dafür organisiert, ein guter, erfolgreicher Heiler zu werden, oder ob jemand Pele, die hawaiianische Feuergöttin, bittet, ein paar Extrakalorien auf den Hüften zu verbrennen – jeder entscheidet für sich, was ihm zu seinem Glück fehlt oder was er ändern möchte. Jeder erschafft sich aufgrund seiner eigenen Denkmuster seine eigene Wirklichkeit und erhält die Hilfe, die er anfordert.

Um auf die anfangs gemachte Feststellung zurückzukommen, daß auch die bedeutendsten christlichen Gebete genau den gleichen Aufbau haben wie schamanische Anrufungen, hier eine kurze Gliederung:

Begrüßung – Vater unser
Preisung – geheiligt werde Dein Name
Anweisung – gib uns heute unser tägliches Brot
Wertschätzung – Amen.
Erwartung – die Annahme, daß Gebete nützen und erhört werden.

Im ganzen Vaterunser kommt nirgends das Wort „bitte" vor, die Anliegen werden ganz klar und ohne Unterwürfigkeit vorgebracht. Eine bemerkenswerte Parallele, meinen Sie nicht auch?

Zum Vergleich hier auch noch eine Anrufung von Don Eduardo Calderon Palomino, mit der er ein Heilungsritual einleitete:

Mein Heiligster Herr, in Deinem geheiligten Namen,
mit Deinem heiligen Licht und Deiner heiligen Macht,
erhebe, ehre, schmücke und rechtfertige ich weiterhin
all Deine Wunder und Kräfte.

Und für diese Anwesenden in all ihren Aktivitäten
fahre ich fort zu erheben,
Deine Bedeutung hervorzuheben.
Mit der ganzen Kunst der Darstellung,
mit all Deinen Kräutern und Kräften,
mit Deinem Ruhm
fahre ich fort zu erheben.
Christus, Heiliger Herr, Göttlicher Meister,
Erleuchte unseren Verstand mit Deinem Licht und Deiner Macht,
Mit all Deiner unendlichen Güte
in unseren Künsten und Heilmitteln.
Segne alle Anwesenden und Abwesenden.
Amen.

Und er schloß sein mehrstündiges Ritual mit folgenden Worten:
Herr, ich danke Dir dafür,
daß Du mein Ritual geheiligt hast.
Friede allen Menschen in der Welt
durch den mächtigen, allerheiligsten Jesus,
den Göttlichen Meister.
So schließe ich nun Sein Ritual,
mein Heiliger Herr und alle Heiligen.
Amen.

Kraftatem und Atemkraft

Buckliger Flötenspieler,
Emblem eines Hopi-Clans

Über das richtige Atmen und seine Bedeutung haben viele kluge Leute viele kluge Bücher geschrieben. Daher möchte ich Ihnen keine weitere Abhandlung dieses wichtigen Themas zumuten, ich möchte Ihnen vielmehr ein paar leicht erlern- und anwendbare Beispiele geben, die Ihnen vielleicht bisher noch nicht begegnet sind:

Professor Livio Vinardi, ein Biochemiker aus Argentinien, der sich selbst als „Hexer" im besten Sinn bezeichnet, hat mir folgende Übung beigebracht, die dazu dient, sich selbst mit Energie aufzuladen. Genau genommen hat er sie für Heiler empfohlen, aber ich gehe davon aus, daß jeder Leser dieses Buches die Informationen daraus heilend für sein Leben und in seiner Umgebung einsetzt, also selbst zum Heiler wird.

Und so wird's gemacht:

Setzen Sie sich am Boden auf Ihre Fersen und legen Sie die Hände auf Ihre Knie. Beugen Sie sich, so weit Sie können, vornüber. Beim Aufrichten Ihres Oberkörpers atmen Sie ein und spannen alle Muskeln Ihres Körpers extrem an. Dabei verkrampfen sich die Hände um die Knie. Behalten Sie diese Position bei, solange es Ihnen möglich ist, und lassen Sie Ihren Oberkörper dann nach vorne fallen, während Sie gleichzeitig die Zunge herausstrecken, schreien und die Finger spreizen. Fünfmal wiederholen.

Die Yaqui, der Indio-Stamm in Mexiko, bei dem Carlos Castaneda ausgebildet worden ist, kennen den Kraftatem. Dabei sitzt man mit angezogenen Beinen auf dem Boden, wobei die Füße fest auf dem Boden stehen sollen. Man umfaßt nun die Knie mit beiden Armen, verschränkt die Finger davor oder hält die jeweils gegenüberliegenden Ellbogen fest. Parallel dazu beugt man den Oberkörper zu den Knien und zieht das Kinn zur Brust. Alle Armmuskeln sind maximal angespannt. Der Atem geht ganz flach.

Diese Haltung sollte für mindestens zehn Minuten beibehalten werden, besser wäre eine halbe Stunde. Danach rollt man sich in der nämlichen Position auf den Rücken, wobei die Assistenz einer zweiten Person, die einem den entscheidenden Schubs gibt, von Vorteil wäre. Es ist nämlich besonders erstrebenswert, diese Lageveränderung unvorhergesehen vorzunehmen, davon also überrascht zu werden. In der Rückenlage wartet man noch eine Weile, bis man ganz allmählich und langsam die Spannung löst und sich wieder „entfaltet". Diese Übung bringt die Energie ins Gleichgewicht, sie wird als ein Symbol für die Balance zwischen Licht und Dunkel angesehen.

In meinem ersten Buch habe ich Sie schon mit dem hawaiianischen PIKO-PIKO (Zentrum-Zentrum) bekannt gemacht, allerdings nur mit einer kurzen, simplen, überall anwendbaren Variante. Diese Atemtechnik ist nur ein Detail aus dem umfassenden Bereich des KIMANA (Energie bewegen oder steuern). Zu verschiedenen Zwecken werden ganz unterschiedliche, manchmal auch ziemlich umfangreiche Abfolgen gewählt, wird die Aufmerksamkeit mit dem Atem bis weit über die Grenzen des eigenen Energiefelds hinaus geführt. Hier ein paar Möglichkeiten für verschiedene Lebenslagen:

Zur Erinnerung: Bei PIKO-PIKO wird nur die Aufmerksamkeit gelenkt. Es geht also nicht darum, sich Vorstellungen davon zu machen, daß die Atemluft durch die Schädeldecke eindringt und durch den Nabel ausströmt. Nein, wir wandern nur mit unserem Bewußtsein durch unseren Körper oder auch an andere Orte außerhalb unserer selbst.

Um sich besser zu erden, können Sie sich folgendes vornehmen: Setzen Sie sich entspannt hin, ob auf einem Sessel oder auf dem Teppich, macht in diesem Fall keinen Unterschied. Wichtig ist nur, Sie sollten sich in der gewählten Position wohl fühlen. Atmen Sie einmal gut durch und lenken Sie Ihre Aufmerksamkeit beim nächsten Einatmen auf den Scheitel, den höchsten Punkt Ihres Körpers. Beim Ausatmen gehen Sie mit Ihrer Aufmerksamkeit in den Nabel. Beim nächsten Einatmen ist Ihre Aufmerksamkeit auf das Genitalzentrum gerichtet und beim nächsten Ausatmen gehen Sie wieder zurück zum Nabel. Diesen Ablauf wiederholen Sie ein paar Mal.

Dann erweitern Sie das Feld, in dem sich Ihre Aufmerksamkeit bewegt, Sie gehen zwanzig Zentimeter über Ihren Kopf hinaus und bis in Ihre Fußsohlen hinunter. Und dann steigern Sie diese Ausdehnung noch, Sie erheben Ihr Bewußtsein immer höher bis ins Weltall, zu anderen Planeten und Sternen, und Sie gehen dazwischen auch immer tiefer hinunter, bis in die Erde unter Ihren Füßen, bis in die Felsenschicht darunter, bis ins Magma, bis zum Erdmittelpunkt. Beim Ausatmen bleibt Ihre Aufmerksamkeit auf den Nabel gerichtet.

Verankern Sie sich gut zwischen Himmel und Erde, fühlen Sie Ihre Zugehörigkeit und Verbindung, spüren Sie die Erweiterung Ihrer Grenzen, und wandern Sie dann in Ruhe wieder zurück, bis Sie sich in der gewohnten Umgebung Ihres Körpers wiederfinden.

Mit PIKO-PIKO können Sie aber auch ganz leicht in den Alpha-Zustand kommen, auf diese niedrigere Gehirnstromfrequenz, die der zwischen Schlafen und Wachen entspricht und einem den Zugang zu beiden Welten, der alltäglichen und der nichtalltäglichen Wirklichkeit, erlaubt. Der Ablauf dazu ist ein bißchen aufwendiger, fürs erste nicht ganz leicht zu merken. Am leichtesten lernt man ihn in einer Art geführter Meditation, die man sich für den Notfall auch selbst auf eine Audiokassette sprechen kann. Das mehrmalige Unterbrechen und Nachlesen kann ich Ihnen nicht empfehlen, dabei nicht aus der Konzentration auf das innere Erleben zu fallen, bedarf schon der höheren Weihen. Ich jedenfalls beherrsche den Balanceakt nicht, in Alpha zu bleiben und gleichzeitig esoterische Gebrauchsanweisungen nachzulesen.

Kahunas in Hawai'i sagen, daß mit der großen Form des PIKO-PIKO, wie ich sie im Kapitel „Der Innere Garten“ beschreibe, das Zentrum der Stille, der Ort der vollkommenen inneren Balance erreicht werden kann. Von dem aus können sie dann verschiedene Bereiche des schamanischen Kosmos aufsuchen, aber auch an besondere Fähigkeiten, die Ihnen im Wachbewußtsein nicht zugänglich sind, herankommen.

Außerdem handelt es sich dabei an sich schon um eine Heilungstechnik, da ja die dadurch erreichte Entspannung dazu beiträgt, daß blockierte Energie wieder zu fließen beginnt. Das führt nicht nur zu einer Verbesserung des Wohlbefindens, sondern erweitert auch Ihre Möglichkeiten, Problemlösungen zu finden, sofort und unmittelbar.

Das hawaiianische Wort ALOHA (Liebe) heißt, in seine Wurzelsilben zerlegt, eigentlich: Energie mit jemandem teilen. HA ist der Atem des Lebens, die ursprüngliche Lebensenergie. Deshalb ist es für Hawaiianer bedeutsam, den Atem in einem Begrüßungsritual zu vermengen, indem man für einige Augenblicke die Nasen aneinanderlegt. Dazu kommt, daß sie den Atem der Nase für reiner als den des Mundes halten, da man mit der Nase nicht kritisieren kann. Folgerichtig wird auch die Flöte als kultisches Musikinstrument mit der Nase gespielt.

Als letztes in diesem Kapitel möchte ich Ihnen noch Don Eduardos System von Atemübungen vorstellen, das weit weniger meditativ ausgerichtet ist, aber auch direkt und augenblicklich das Lebensgefühl anhebt. Bevor Sie diese Techniken ausprobieren, möchte ich Sie noch ein bißchen warnen: Im Laufe dieser Übungen werden Sie sich ziemlich lautstark äußern, was in hellhörigen Neubauwohnungen Nachbarn verwirren kann. Die letzte Übung heißt nämlich Löwenschrei, und genau so machtvoll und selbstbewußt sollte es sich anhören.

Damit geht's los:

Stützen Sie bitte die Hände für die ersten vier Übungen in die Hüften.

1. Atmen Sie rasch und herzhaft ein und füllen Sie den Bauchraum mit der Atemluft. Atmen Sie, ohne vorher auszuatmen, ein weiteres

Mal ein und füllen dadurch Ihre Körpermitte und dann atmen Sie noch ein drittes Mal ein und füllen den Brustkorb an. Damit haben Sie das Maximalvolumen Ihrer Lungen ausgeschöpft, das wir im Alltag nur sehr selten ausloten. Wiederholen Sie die Übung weitere vier Mal.

2. Atmen Sie gut ein und bewegen Sie dann die Atemluft so rasch wie möglich durch die Nase ein und aus. Das sollten Sie solange wie möglich machen, aber mindestens 20 Mal. Dann lassen Sie den Atem ausfließen. Machen Sie die Übung dreimal. Don Eduardo hat sie „Massage" genannt.

3. Atmen Sie tief ein und halten Sie den Atem zwölf Herzschläge lang an, atmen Sie aus und halten Sie nun diesen Zustand für die Dauer von acht Herzschlägen an. Wiederholen Sie diesen Ablauf noch zweimal. Übrigens heißt diese Übung „der kleine Tod", weil Sie durchaus dazu geeignet ist, uns in das Zwischenreich zwischen unserer alltäglichen und der nichtalltäglichen Welt zu führen. Zu diesem Zweck wird sie aber viel öfter, bis zu eineinhalb Stunden lang, wiederholt.

4. Atmen Sie tief ein, spannen Sie die Lippen über die Zähne wie beim Trompetespielen und pressen Sie nun die Luft gegen den Widerstand Ihrer Lippen stoßweise heraus. Wiederholen Sie die Übung weitere zwei Mal. Wie Sie sich wahrscheinlich schon gedacht haben, heißt diese Übung „Trompete".

5. Atmen Sie tief und gut ein und heben Sie dabei gleichzeitig die Arme bis über den Kopf. Beim Ausatmen lassen Sie den Oberkörper

und Ihre Arme locker nach vorne fallen. Eventuell pendeln Sie ein bißchen nach. Machen Sie die Übung fünfmal.

6. Atmen Sie wieder tief ein und heben Sie dabei die Arme. Beim Ausatmen lassen Sie den Oberkörper heftig und gespannt nach vorne fallen und schwingen die Arme so weit wie möglich nach hinten durch. Gleichzeitig werfen Sie den Kopf, so fest Sie können, in den Nacken, reißen den Mund auf und strecken die Zunge ganz heraus. Dabei schreien Sie laut! Halten Sie die Spannung in dieser Haltung für ein paar Sekunden, dann wiederholen Sie den ganzen Ablauf noch viermal.

Ich versichere Ihnen, nach dem „Löwenschrei“ am Schluß sind Sie wach und gut gelaunt. Sie haben alles, was Sie eingeschränkt hat, aus sich herausgebrüllt und Ihre ursprüngliche, natürliche Kraft gespürt. Das ist doch ein guter Anfang für einen ganz normalen Arbeitstag, finden Sie nicht?

Essen und Trinken

Familie, Symbol für Glück, hawaiianische Petroglyphe

Auch zum Essen haben Schamanen natürlich eine spezielle Haltung, nicht nur, weil sie schon das Kochen an sich als magische Prozedur betrachten. Es beeinflußt ganz unmittelbar den Energiehaushalt eines Menschen, ja aller irdischen Lebewesen.

Schamanen sind keine Vegetarier, das wäre aus ihrer Sicht auch unlogisch, da sie ja alles – selbst einen Stein – als belebt und beseelt betrachten. Sie kennen keinen prinzipiellen Unterschied zwischen Wesenheiten, ob sie uns in ihrer Lebensweise nun ähnlich sind oder nicht. Sie unterscheiden nicht zwischen organischen und anorganischen Substanzen, nicht zwischen Warm- und Kaltblütern, nicht zwischen Tieren, Pflanzen oder Mineralien. So konnte es in manchen Stammeskulturen sogar dazu kommen, daß auch Menschenfleisch gegessen wurde, was nicht als Ausdruck besonderer Grausamkeit, sondern besonderen Respektes zu verstehen ist. Mit dem Gehirn eines besiegten Gegners wollte man auch dessen Geisteskraft und Wissen zu sich nehmen. Und bei den Yanomami am Amazonas ist es bis heute üblich, den Leichnam eines Clan-Mitglieds zu verbrennen, um sein Bewußtsein zu befreien, danach die Knochen zu zermahlen und, mit Bananenbrei vermischt, rituell zu essen. Nur so kann ein Yanomami in seinen Verwandten weiterleben. Alles ist immer nur eine Frage der Denkmuster.

Unsere traditionell-westliche Sicht der Welt ist nicht die einzig mögliche oder sinnvolle. Im übrigen wissen wir seit den Untersuchungen des Biologen Cleve Backster, daß auch ein Salatkopf fürchterlich schreit, wenn er (lieblos!) abgeschnitten wird. Seine Stimmlage liegt nur außerhalb der für uns hörbaren Frequenzen.

Wie gesagt, aus magischer Sicht ist alles Eßbare Nahrung, die uns Mutter Erde zur Verfügung stellt. Sogar unter den ungenießbaren und giftigen Tieren, Pflanzen und Mineralien gibt es viele, die in geringer Dosierung hilfreich und nützlich sein können. Sei es als Arznei oder als Hilfsmittel zum Übertritt in andere Wirklichkeiten, solange man den noch nicht bewußt und ohne sie bewältigen kann.

Im Gegensatz zu unserem oft nachlässigen Verhalten den Schätzen unseres Planeten Erde gegenüber gehen Menschen in den alten Stammeskulturen sehr respektvoll mit den Ressourcen ihrer Umgebung um. Sie nehmen nur das, was sie wirklich brauchen, bitten ein Tier oder eine Pflanze um Verständnis und um das Geschenk ihres Lebens, damit der Stamm ernährt werden kann. Sie opfern dem Geist dieses Lebewesens und halten ein Ritual zu seinen Ehren ab. Sie gleichen energetisch aus, was sie durch Jagen oder Roden in der Natur aus dem Gleichgewicht gebracht haben, und stellen die Harmonie im Kosmos wieder her. Wäre diese Haltung heute noch überall selbstverständlich, hätten wir sicher keinerlei Umweltprobleme.

Aborigines gehen davon aus, daß sich ein Tier, das ihnen in ihrem kargen Umfeld, der australischen Wüste und Buschlandschaft, über den Weg läuft, freiwillig und liebevoll zur Verfügung stellt, um das Überleben des Stammes zu sichern. Und in Hawai'i, wie auch in anderen Kulturen, gelten gerade die Pflanzen, die die Grundnahrungsmittel liefern, als heilig.

Es empfiehlt sich, diesen Denkmodellen ein bißchen nachzuspüren, schließlich haben sie sich über viele Jahrtausende bewährt. Dazu bedarf es keiner unberührten Natur um uns, schon der Einkauf im Supermarkt läßt sich schamanisch-magisch gestalten, wenn Sie sich mit Ihrem KU ins Einvernehmen setzen und es ihm überlassen, die richtige Auswahl für Ihr physisches System zu treffen. KU weiß immer, was Ihnen guttut, welche Nahrungsmittel Ihnen gut oder weniger gut bekommen werden. Richten Sie sich nur nach Ihrem Gusto, wie es der deutsche Lebensmittelchemiker Udo Pollmer formuliert, essen Sie das, worauf Sie wirklich Lust haben. Das wird Ihnen auch am besten entsprechen.

Dabei sollten Sie aber wirklich nur auf sich und Ihre innere Stimme hören und alle die Warnungen der Ernährungsfachleute, aber auch die Einflüsterungen der professionellen Werber vergessen. Es gilt nämlich auch für diesen Bereich, was ich in anderem Zusammenhang gesagt habe: Wir sind nicht gleich, wir haben gemäß unseren Denkmustern und unserer Lebenssituation verschiedene Teile unserer Geninformation aktiviert und verarbeiten daher auch Lebensmittel unterschiedlich. Was für den einen von uns genau richtig ist, kann für den anderen Gift sein. Es gibt wieder einmal keine fixen, für alle gültigen Regeln. Wenn dem so wäre, hätten die Tibeter mit ihrer einseitigen Kost von Tsampa, geröstetem Gerstenmehl, und Buttertee, schwarzem Tee mit oft ranziger Yak-Butter, gar nicht überleben dürfen. Sie müßten die schrecklichsten Vitaminmangelerscheinungen haben. Die Realität sieht aber vielfach anders aus.

Ich glaube viel mehr, daß auch da die gedanklichen Strukturen eine große Rolle spielen. Wer davon ausgeht, daß Cholesterin, Zucker und Milch für ihn schädlich seien, sie aber trotzdem, wenn auch mit schlechtem Gewissen konsumiert, untergräbt seine Gesundheit mit Sicherheit. **Etwas für schlecht oder falsch zu halten, es aber wider besseres Wissen doch zu tun, ist der direkteste Weg zu einer schlechten Befindlichkeit, die sich natürlich – weil KU bekanntlich folgsam ist und auch die absurdesten Denkmuster getreulich umsetzt – auch bald materiell und körperlich manifestiert.**

So bleiben Ihnen zwei sinnvolle und zielführende Vorgangsweisen: Entweder passen Sie Ihr Verhalten Ihren Denkmustern an oder Sie ändern Ihre Denkmuster! Entweder streichen Sie die tägliche Tafel Schokolade für immer oder Sie erklären Schokolade zu Ihrem ganz speziellen Lebenselixier. Es gibt keinen Kompromiß, entweder sie nützt oder sie schadet. Basta. Sich jeden Tag zu kasteien und nur ein winziges Stückchen davon zu genehmigen, halte ich für keine gute Idee. Das ist Aufmerksamkeit in die falsche Richtung, nämlich auf die Selbstbeschränkung gerichtet anstatt auf die Fülle des Universums.

Meine Großmutter hat sich jahrzehntelang zum Entsetzen der ganzen Familie nahezu ausschließlich von schwarzem Kaffee, Bier, Schwarzbrot, fettem Käse und Preßkopf (einer Art Sulz aus minderwertigem Fleisch) ernährt und ist damit ziemlich vergnügt 82 Jahre alt geworden.

Wenn wir sie überreden wollten, doch ein bißchen Gemüse zu essen, damit sie Vitamine zu sich nähme, antwortete sie: „Meine Vitamine sind im Bier!“ Was nun nicht heißen soll, daß ich diese „Diät“ irgendwem empfehlen möchte, ich will damit aber doch zeigen, daß „gesunde“ Ernährung ein sehr subjektiver Begriff ist. Abgesehen davon, daß sich die Moden bei den Ernährungsexperten auch ständig verändern. Erinnern Sie sich nur daran, daß man uns noch vor wenigen Jahren dringend vom Butterkonsum zugunsten der „viel gesünderen“ Margarine abgeraten hat und heute, im Gegensatz dazu, Butter für das wesentlich wertvollere, naturbelassene Produkt hält.

Wahr ist, daß sich über Jahrhunderte die Menschen im alpinen Raum in langen Wintermonaten nur sehr bescheiden und einseitig ernähren konnten, weil sie einfach keine andere Möglichkeit hatten. Da sie diese tradierte Lebensweise aber nicht negativ beurteilten, hat sie ihnen auch nicht so geschadet, wie sie uns heute, mit all den Ernährungsrichtlinien im Hinterkopf, schaden würde. Das heißt, wenn es Ihnen gelingt, die Dinge, die Sie gerne konsumieren, dazu zu „ermächtigen“, alles zu enthalten, was Ihren Körper gesund und leistungsfähig erhält, übernimmt KU diese Programmierung und setzt sie um. Sie werden sich dann auch mit einer ganz unorthodoxen Zusammenstellung von Lebensmitteln gut fühlen und strahlend aussehen.

Die einzige Schwierigkeit dabei ist, die bewußten Gedanken mit den unbewußten Erwartungen zu koordinieren, weil sich da versteckte Klippen in den Tiefen des Unterbewußten befinden könnten, an denen dann möglicherweise das Unternehmen „Schamanische Ermächtigung von Hot Dog und Coke“ scheitert. Wenn Sie sich etwas einreden wollen, woran Sie nicht wirklich glauben, was Sie sich nicht sinnlich und überzeugend vorstellen können, schlägt Ihnen Ihr KU ein Schnippchen und beweist Ihnen die Richtigkeit der Thesen der Experten. Die Geschichte funktioniert nur dann, wenn Sie sich selbst wirklich als die wichtigste Autorität in allen Ihren Angelegenheiten anerkennen.

Haben Sie nun also die für Sie stimmigen Nahrungsmittel gefunden und eingekauft, können Sie auch die Zubereitung zum magischen Aufladen einsetzen. Behandeln Sie alle Dinge mit Respekt, nehmen Sie alle Ingredienzien bewußt wahr, setzen Sie jeden Handgriff mit liebevoller Absicht, bleiben Sie mit Ihrer Aufmerksamkeit beim Kochen und lassen Sie so alle positive gedankliche Energie ins Essen einfließen. Nur wenn Sie gerne kochen, kochen Sie auch gut und bekömmlich. Außerdem könnten Sie darauf achten, möglichst nur in die aufladende Richtung, nämlich im Uhrzeigersinn, zu rühren. Erweisen Sie auch sich selbst freundlichen Respekt, indem Sie sich zu einem schön gedeckten Tisch setzen und nichts im Stehen hinunterschlingen. Im übrigen heben Sie mit einem gemeinsam und in einem bewußt gestalteten Ambiente eingenommenen Mahl auch das energetische Niveau Ihrer Mitesser an. Diese werden sich besonders wohl fühlen, auch wenn sie sich der Ursachen vielleicht nicht bewußt sind.

Ein Tischler sagte mir einmal: „Industrielle Verarbeitung vergewaltigt das Material Holz, händische Verarbeitung veredelt es.“ Dieser Satz läßt sich ohne weiteres auch auf Lebensmittel anwenden. Darum nützen Sie jede Gelegenheit, sich mit von Menschenhänden, den eigenen oder fremden, bereitetem Essen zu ernähren. Es ist nicht egal, was Sie wie zu sich nehmen.

Verstärken Sie die förderliche Wirkung Ihrer Mahlzeit durch Segnen. Anerkennen Sie alle Wesen, die zu ihr beigetragen haben, nicht nur Tiere und Pflanzen, sondern auch den Bauern, den Bäcker, den Fleischhauer und den Lebensmittelhändler. Danken Sie Mutter Erde für ihre großzügigen Gaben. Loben Sie auch sich selbst für Ihre Kochkünste und Ihren Verdauungstrakt für die gute Arbeit, die er schon so viele Jahre geleistet hat und weiter leistet. Das traditionelle Tischgebet trägt im Sinne dieses Aufmerksamkeitlenkens ganz sicher dazu bei, Speisen gut verträglich und wertvoll für das eigene System zu machen.

Wenn Sie sich ganz bewußt etwas Gutes tun wollen, laden Sie auch Ihr Getränk auf. Stellen Sie Ihr Glas dafür in die linke Handfläche und halten Sie die rechte Hand darüber. Nun stellen Sie sich vor, wie aus Ihrer rechten Hand Gesundheit und Kraft in Ihr Getränk fließen und es in einen wahren Jungbrunnen verwandeln. Und dann trinken Sie diese kostbare Flüssigkeit aus und fühlen dabei, wie sich die neue Energie in Ihrem Körper ausbreitet. (Linkshänder tendieren dazu, das Glas in die rechte Handfläche zu stellen. Auch gut. Richtig ist, was sich richtig anfühlt.)

Sicher gibt es auch für Sie bestimmte Lebensmittel, die von Ihrem Verdauungssystem nicht so gut vertragen werden. Wenn Sie aber gerade diese so gerne essen und ungern darauf verzichten, können Sie die Technik des Harmonisierens verwenden, wie ich sie im Kapitel „Konflikte lösen“ beschrieben habe. Welche Farben Sie dafür einsetzen, entscheiden Sie je nach Situation und Befindlichkeit. Es gibt dafür keine festen Regeln.

Sollten Sie hin und wieder den Verdacht haben, den kulinarischen Genüssen ein bißchen zu reichlich gefrönt zu haben, machen Sie es wie ein hawaiianischer Kahuna, der sein Leben lang schlank geblieben ist: Bitten Sie den Geist des Feuers, die überschüssigen Kalorien zu verbrennen. Wundern Sie sich nicht, wenn er das wörtlich versteht und Ihnen bei der Prozedur warm wird.

Grundsätzlich gilt auch hier wie überall, halten Sie Ihre Aufmerksamkeit auf die Vision, das Bild und den Zustand gerichtet, den Sie anstreben und wünschen, und nicht auf den, den Sie nicht wollen. Wenn Sie sich das Schlemmen beim Geburtstagsfest Ihrer Freundin übelnehmen, verharren Sie nicht in Selbstvorwürfen, sondern ziehen Sie konstruktive Schlüsse daraus: Ändern Sie Ihr Verhalten für die Zukunft oder überlegen Sie sich einen neuen Umgang mit Ihrem Stoffwechsel. Erklären Sie Ihrem KU, wie Sie aussehen und sich fühlen wollen, machen Sie sich lustvolle, sinnliche und detailreiche Vorstellungen vom angestrebten Status. Erzählen Sie KU, wieviel Komplimente Sie dann in Ihrem neuen, körperbetonten Outfit kriegen, wie attraktiv Sie sich selbst vorkommen werden und wie leicht Ihnen das Tennisspielen und Treppensteigen wieder fallen werden. Stellen Sie sich ganz konkrete Situationen vor und feiern Sie Ihren Erfolg im voraus, wissend, daß die Umsetzung schon in Arbeit ist.

Ein netter kleiner Trick, die Zeitspanne, die zur Veränderung Ihrer jetzigen Befindlichkeit notwendig ist, möglichst kurz zu halten, besteht darin, die angefutterte Schutzschicht wie einen Overall zu betrachten, sich in der Visualisierung viele strategisch wichtige Reißverschlüsse einzubauen, diese dann zu öffnen und aus dem

Overall auszusteigen. Sie lassen damit alles hinter sich, was sich da auf Ihren Hüften und um die Taille angesammelt hat. Am besten ist, Sie finden auch noch eine Lösung, um in Ihrer Vorstellung den Overall ein für alle Mal loszuwerden, damit Sie ihn nie wieder versehentlich überstreifen: Verbrennen Sie ihn, verwerten Sie das teure Material, machen Sie etwas Nützliches daraus, zum Beispiel eine Wärmeisolierung für Ihre Wohnung oder viele kleine warme Anoraks für Eskimo-Kinder. Wie auch immer – alles, was für Sie überzeugend klingt, ist richtig.

Sie können sich auch ein Tuch auf den Boden legen und auf diese Fläche eine Szene projizieren, die bereits zu Ihrem neuen schlanken Image gehört. Wenn das Bild dann ganz deutlich vor Ihrem inneren Auge steht, treten Sie auf das Tuch und damit in die Szene ein. Fühlen Sie sich wie neu und loben Sie sich selbst für die Neugestaltung Ihres Äußeren. Ihre Zukunft hat gerade begonnen.

Noch einmal sei's gesagt: Visualisieren Sie nur den Soll-Zustand, nicht den vielleicht mühsamen Weg dorthin. Im Kosmos finden sich viel mehr Möglichkeiten, Ihr Ziel spielerisch und fröhlich zu erreichen, als Sie sich ausdenken können. Eine unangenehme Vorstellung von freudlosen Hungerkuren eignet sich nicht als Motivation für KU.

Die Welt und auch Ihr Körper sind, wofür Sie sie halten, und sie können, was Sie ihnen zutrauen. Alles, was Sie sich lebhaft, plastisch und wohlig vorstellen können, können Sie auch erreichen. Sind Sie nicht schon neugierig auf sich selbst?

Der Innere Garten

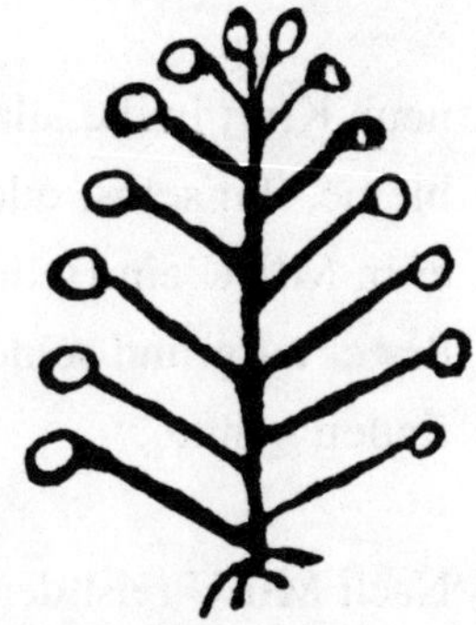

Weltenbaum, „Leiter" der Schamanen in die Ober- und Unterwelt, kommt auf allen Kontinenten vor

Im Gegensatz zu den meisten anderen schamanischen Traditionen reisen die Kahunas in Hawai'i ohne die rhythmische Anregung durch Trommel oder Rassel in die nichtalltägliche Wirklichkeit, nach LANIKEHA, in die Oberwelt, nach KAHIKI, in die Mittelwelt, und nach MILU, in die Unterwelt. Ihre Reisen gleichen dem, was man bei uns unter einer geführten Meditation versteht, eingeleitet durch eine Atemübung, die besonders dazu geeignet ist, den Reisenden auf eine niedrigere Gehirnstromfrequenz, zwischen sieben und vierzehn Hertz, einzustimmen, auf die von Alpha, die alle Menschen durchgehend benützen, solange sie jünger als vier Jahre sind, und zu gewissen Zeiten einsetzen, wenn sie sich auf der Schwelle zu anderen Bewußtseinszuständen befinden: direkt vor dem Einschlafen und nach dem Aufwachen zum Beispiel.

MILU ist das Reich der Albträume, der personifizierten negativen Emotionen, der großen Herausforderungen, auch der Bereich der Visionssuche, den Schamanen oft betreten, um Macht zu gewinnen. Das kann bedeuten, daß ein Kahuna sich auf dieser Ebene einer besonderen Herausforderung stellt und dann aus dem bestandenen Abenteuer neue Kraft in die alltägliche Wirklichkeit mitbringt, um anstehende Probleme, ihn selbst oder seinen Stamm betreffend, zu lösen. Ebenso kann er in MILU ein Heilmittel gegen eine ungewöhnliche Krankheit suchen, das er aufgrund seiner bisherigen Erfahrungen in der äußeren Welt nicht finden konnte.

Nach MILU reist der Schamane nicht, um sein Verstehen, seine Weltsicht zu erweitern und zu vertiefen. In MILU geht es um das Bestehen von Herausforderungen der einfachen, mit allen inneren Sinnen erfaßbaren Art. Und genau das ist es, worauf es ankommt, sich die Unterwelt und alle Hindernisse, die stellvertretend für bisherige emotionelle oder mentale Beschränkungen stehen, so sinnlich und detailreich wie nur möglich vorzustellen. Der Schamane muß sich mit allen Sinnen mit dem anstehenden Thema konfrontieren. Das Problem wird ihm daher in Gestalt eines Ungeheuers, eines Monsters oder einer Naturgewalt, zum Beispiel als Flutwelle, Erdrutsch oder Tornado, entgegenkommen. Und er hat die Aufgabe, das Hindernis auf jeden Fall zu passieren. Wie auch immer. Egal, ob der reisende Kahuna über das Ungeheuer springt, untendurch kriecht, oder sich mittendurch bewegt, indem er sich fressen läßt und sich am anderen Ende des Untiers wieder zusammensetzt – er darf sich nicht aufhalten lassen.

Bei meiner ersten Reise nach MILU ging es darum, meiner größten Angst zu begegnen. Ich hatte überhaupt keine Vorstellung davon, akzeptierte aber, daß es für Kahunas nicht so wichtig ist, Probleme zu analysieren. Noch weniger sind sie darauf aus, die Ursachen zu ergründen. Sie meinen, nach hinten zu schauen sei nicht sehr effektiv, zu viel Energie in die falsche Richtung. **Kahunas anerkennen das Problem im Hier und Jetzt und arbeiten an der Verwandlung und Auflösung desselben.**

So war ich also in MILU unterwegs, begleitet von einem Schutzgeist und schon sehr gespannt, was da auftauchen sollte. Und dann kam das Ungeheuer, das meine größte Angst verkörperte, auf mich zu: ein riesiger Stier, so groß wie ein Haus, aus Erde geformt, stumpfbraun und rauh. Ein mächtiger Koloß, der sich nicht sichtbar bewegte, aber doch immer näher rückte. Ich zermarterte mir das Hirn, um einen Weg zur Bewältigung zu finden, fand aber keine Lösung. Währenddessen kam das Monster immer näher. Da mir nichts Besseres eingefallen war, ging ich einfach unbeirrt am Wegrand weiter, machte Platz, ließ mich aber nicht irritieren. Und siehe da – der Riesenbulle tat das gleiche, er rückte weiter vor, ohne mich zu beachten. Und bevor ich es richtig realisieren konnte, war mein Weg wieder frei, der Stier an mir vorbei, das Abenteuer bestanden!

Für mich war die Erkenntnis, daß es gar nicht zwingend notwendig ist, alle bisherigen Beschränkungen und Glaubensmuster unter Schmerzen und schwierigen Auseinandersetzungen zu verändern, daß ich auch ganz einfach daran „vorbeileben" kann, daß sie ihre Macht verlieren, wenn ich ihnen keine Beachtung schenke, sie nicht mehr in mein Leben integriere, sehr lehrreich und wichtig. Das bedeutet keineswegs, daß ich das Thema jetzt nur besser verdränge, nein, in MILU habe ich das Problem auf die Art und Weise der Kahunas für immer gelöst.

Nach der Überwindung des Hindernisses sucht der Schamane in MILU ein Symbol, das stellvertretend für die neugewonnene Kraft steht und das er in die alltägliche Wirklichkeit mitbringen kann, entweder indem er es und die damit verbundene Energie in seinem eigenen Körper plaziert oder indem er eine materielle Umsetzung davon verwendet, um anderen Personen Kraft zur Bewältigung ihrer Probleme oder zur Heilung zu vermitteln.

KAHIKI, die Mittelwelt, ähnelt am ehesten unserer alltäglichen Wirklichkeit. Die meisten nächtlichen Träume, aber auch Tagträume finden dort statt. Da für Kahunas Träume durchaus real sind und die Wirklichkeit ein Traum ist, gehen sie davon aus, daß das Verändern dieser Träume auch direkte Auswirkungen in der alltäglichen Wirklichkeit nach sich zieht. Der Innere Garten, der sich in KAHIKI befindet, ist eine symbolische Darstellung der eigenen inneren Struktur, der Denkmuster und Emotionen, des bewußten und unbewußten Bereichs unseres Geistes.

Eine der Techniken, die Arbeit im Inneren Garten, die besonders dazu geeignet ist, die eigene Befindlichkeit zu verbessern, möchte ich hier erklären: Dazu werde ich Sie nun auf eine Reise nach KAHIKI begleiten, in den Garten führen und Ihnen sagen, was Sie dort tun und bewirken können. Alles, was Sie dort sehen, hören oder spüren, steht für einen Aspekt Ihres eigenen Innenlebens, und alles, was Sie in diesem Garten verändern und in Ordnung bringen, wirkt sich unmittelbar auf Ihre innere Befindlichkeit, Ihr Denken und Fühlen, aus. Es gibt dafür keine Regeln, es ist Ihr eigener Garten, und Sie gestalten ihn nach Ihrem Gutdünken. Wichtig ist nur, daß Sie sich in ihm wohlfühlen, daß er Ihnen gefällt.

Die einleitende Atemübung gehört zu den Techniken des KIMANA, des Lenkens von Energie, und ist eine aufwendigere Variante von PIKO-PIKO, das Sie ja bereits kennen. Sie ist sehr einfach, aber doch sehr effektiv.

Schließen Sie die Augen und lenken Sie Ihre Aufmerksamkeit mit dem Atem, wie ich es im Folgenden beschreibe. Wenn hier steht

„Einatmen - Scheitel", meine ich damit nicht, daß Sie sich vorstellen sollen, die Luft ströme beim Scheitel in Ihren Körper ein. Nein, ich meine damit, daß Sie nur Ihre Aufmerksamkeit, den Fokus Ihrer Gedanken, in den Bereich Ihres Scheitels verlegen. Sie spüren einfach nur in den Bereich hinein, den ich erwähne. Alles klar?
Es geht los:

Einatmen - Scheitel ....Ausatmen - Nabel
Einatmen - linke Schulter .....Ausatmen - Nabel
Einatmen - rechte Schulter ....Ausatmen - Nabel
Einatmen - Herz ....Ausatmen - Nabel
Einatmen - linke Hüfte ....Ausatmen - Nabel
Einatmen - rechte Hüfte ......Ausatmen - Nabel
Einatmen - Nabel ....Ausatmen - in Ihre Umgebung

Stellen Sie sich jetzt eine Landschaft vor, die Ihnen gefällt, in der Sie sich wohlfühlen. Das kann eine reale Landschaft sein, die Sie kennen, eine, die Sie auf einem Bild oder Foto gesehen haben, oder eine, die Sie sich jetzt in diesem Moment ausdenken – ganz egal. Wichtig ist nur, es muß eine Landschaft sein, die Sie mögen, die Ihnen ein gutes Gefühl vermittelt.

In dieser Landschaft schauen Sie sich nun um, Sie finden irgendwo einen Zaun, eine Mauer, eine Hecke, irgendetwas, das die Einfriedung Ihres Gartens sein kann. Und in dieser Mauer oder diesem Zaun gibt es eine Stelle, die Ihr Zugang zum Garten ist: Das kann ein Tor, eine Türe, eine Lücke in der Hecke, ein loses Brett im Zaun sein – ganz, wie Sie möchten.

Durch diesen Eingang betreten Sie nun Ihren Garten. Das kann ein Garten sein, wie Sie ihn in Ihrer Kindheit gekannt haben, einer, den Sie irgendwo einmal gesehen haben, oder auch einer, den Sie sich nach Ihren Wünschen jetzt kreieren. Schauen Sie sich um im Garten, betrachten Sie alle Pflanzen, die sich hier befinden. Wie geht es denen? Können Sie irgendetwas tun, um die Harmonie in Ihrem Garten zu verbessern? Sie müssen nichts Bestimmtes tun, Sie tun einfach nur das, was zu tun ist. Wenn Pflanzen umgefallen sind, richten Sie sie wieder auf, wenn sie Wasser brauchen, gießen Sie sie, wenn Sie zu sehr in der Sonne stehen, bringen Sie sie in den Schatten und umgekehrt. Sie schauen einfach nur, was Ihrer Meinung nach nottut – genau das tun Sie dann.

In Ihrem Garten sollte es Wasser geben, einen Wasserhahn, einen Bach, einen Teich, einen Brunnen oder eine Quelle. Errichten Sie etwas, von dem Sie auch Wasser für Ihre Pflanzen beziehen können.

Gehen Sie in Ihrem Garten herum, freuen Sie sich an seiner Schönheit und entfernen Sie alles, was Ihrer Meinung nicht mehr hereinpaßt. Am besten, Sie denken sich Möglichkeiten aus, störende Dinge in nützliche zu verwandeln, oder stellen etwas, was Sie nicht mehr brauchen vors Tor, damit es ein anderer nehmen kann. Ein anderer, der vielleicht genau das sucht, was Sie gerade ausgeräumt haben.

Sie sind ganz frei, Ihren Garten zu gestalten, hier gelten nur Ihre eigenen Regeln. Wenn Sie Alpenrosen neben Kokospalmen wachsen lassen möchten – wer sollte Sie daran hindern können? Und wenn Sie feststellen, daß Sie den Garten genauso mögen, wie er gerade aussieht, legen Sie sich ins Gras oder in eine Hängematte und nehmen Sie alle Eindrücke bewußt wahr.

Achten Sie darauf, ob Sie etwas Bestimmtes hören – vielleicht das Summen von Insekten, das Plätschern von Wasser, irgendein anderes Geräusch …

Achten Sie darauf, ob Sie etwas Besonderes riechen – den Duft von Blumen, von frischem Gras oder den Komposthaufen in der Ecke …

Berühren Sie etwas in Ihrer Vorstellung – einen Stein, die Rinde eines Baumes, ein Blatt, irgendetwas, das sich hier in Ihrem Garten befindet … Wie fühlt es sich an? Glatt oder rauh? Kühl oder warm? Feucht oder trocken?

Wie ist das Wetter? Scheint die Sonne? Regnet es ein bißchen oder sogar stärker? Spüren Sie den Wind? Wie stark bläst er? Wie ist die Temperatur?

Gehen Sie noch einmal in Ihrem Garten umher, betrachten Sie alles, was Sie hier vorgefunden oder umgestaltet haben, mit Wohlgefallen. Erledigen Sie die letzten Kleinigkeiten, wenn Sie noch irgendwas entdeckt haben, was Ihnen so nicht gefällt. Genießen Sie Ihr Reich.

Haben Sie im Garten Besuch bekommen? Von einem Tier, von einer Person, sei sie menschlich oder ein Geistwesen, von einem Elf oder Engel? Freuen Sie sich darüber? Hat Ihnen Ihr Besucher etwas zu sagen? Wenn für diesmal alles erledigt ist, bedanken Sie sich bei allen Wesen im Garten, den Besuchern, den Pflanzen, bei allem, was da kreucht und fleucht, werfen Sie noch ein letztes Mal einen Blick in die Runde und verabschieden sich.

Sie verlassen den Garten auf demselben Weg, auf dem Sie ihn betreten haben, durch dieselbe Tür oder Lücke in Ihrem Zaun, wissend, daß Ihnen Ihr Garten ab jetzt immer zur Verfügung steht, daß Sie immer, und so oft Sie wollen, in ihn zurückkehren können. Daß Sie ihn auch immer wieder verändern und umgestalten können, ganz wie es Ihnen gefällt. Es ist Ihr Garten, und Sie sollen sich darin wohlfühlen, das ist die einzig gültige Regel.

Sie befinden sich nun wieder in der Landschaft, von der Sie ausgegangen sind. Mit ein paar weiteren bewußt gelenkten Atemzügen kehren Sie zurück in unsere alltägliche Wirklichkeit. Sie lenken wieder Ihre Aufmerksamkeit auf bestimmte Bereiche:

Einatmen - Umgebung ....Ausatmen - Nabel
Einatmen - Nabel ....Ausatmen - Scheitel

Der Kreis ist geschlossen. Atmen Sie noch einmal tief durch, öffnen Sie die Augen und bewegen Sie Hände und Füße. Sie sind wieder im Hier und Jetzt, die Reise liegt bereits hinter Ihnen.

Es ist nicht notwendig, die Bilder, die aus Ihrem Unterbewußten aufgetaucht sind, zu analysieren, Ihr KU versteht diese symbolische Bildersprache auch so und setzt sie um. Sie werden das vielleicht in der nächsten Zeit bereits deutlich merken. Der Garten steht, wie gesagt, für unser eigenes Innenleben, und daher bewirkt alles, was wir darin zum Besseren verändern, unmittelbar eine Verbesserung unseres psychischen und physischen Zustands und ein verändertes Er-Leben. Sooft wir wollen, können wir in unseren Garten zurückkehren und ihn weitergestalten. Hier ist immer Platz für Wachstum und neue Entwicklungen.

In KAHIKI gibt es noch viele andere Bereiche für unterschiedliche schamanische Erfahrungen. Der Garten sollte nur ein Beispiel sein, er ist aber auch geeignet als Ausgangspunkt für Reisen in die Unter- und die Oberwelt.

LANIKEHA, die Oberwelt, ist der Platz, wo Götter und Göttinnen, Naturgeister und mythologische Helden und Heldinnen zu Hause sind, aber auch der Ort, wo Schamanen Inspiration und göttliche Hilfe erlangen. In LANIKEHA sind die Tiergeister zu finden, und auch die sieben Göttinnen, die nach Auffassung der Kahunas die Elemente vertreten, halten sich in LANIKEHA auf. Es sind dies die Göttinnen des Meeres, des Windes, der Vulkane, der Steine, der Pflanzen, der Tiere und der Menschen. Richtig, auch der Menschengeist gilt als elementare Kraft!

Maui, der mythische Held – vergleichbar dem griechischen Prometheus oder Herakles –, dem die Menschen so viel verdanken, wie zum Beispiel die Geheimnisse des Feuers und der Landwirtschaft, hat auch seinen Sitz hier, wenn er es nicht gerade vorzieht, in menschlicher Gestalt allerhand Verwegenes auszuprobieren. Er ist in Hawai'i so etwas wie ein urtümlicher Supermann, einer, der sich sogar mit Göttern anlegt, wenn er etwas erreichen will.

Und natürlich wohnen hier auch alle anderen Götter des traditionellen hawaiianischen Universums. LANIKEHA suchen die Kahunas auf, wenn sie neue Ideen und Lösungen benötigen, wenn sie in Gestalt eines Tiergeistes neue Erkenntnisse suchen oder wenn sie sich mit einer höheren Macht verbünden wollen.

Alle diese Bereiche der nichtalltäglichen Wirklichkeit werden ihnen mithilfe von PIKO-PIKO zugänglich. In der Vorstellung geht der Schamane nach KANALOA, ins Zentrum der Stille, das eine Art Traum- oder Ideallandschaft ist, oder direkt in den Inneren Garten. Auf jeden Fall sucht er sich dort eine Öffnung im Boden, um in die Unterwelt zu reisen, oder erklettert einen Baum oder Berg, beziehungsweise wagt einen gewaltigen Sprung, um die Oberwelt zu erreichen.

Mir gefällt die grundsätzliche Auffassung, daß jede Situation, egal auf welcher Bewußtseinsebene, als Abenteuer betrachtet wird, das es möglichst lustvoll und kreativ zu bestehen gilt. Flexibilität ist ein hoher Wert, starre Regeln gibt es nicht. Da die Welt für jeden von uns ist, wofür wir sie halten, steht es uns jederzeit frei, die schönste, liebevollste und farbigste im Traum zu erschaffen und in ihr zu leben. Sind das nicht wunderbare Aussichten?!

Der Umgang mit Kraftplätzen

Zugang zur Unterwelt, Sandzeichen aus Malekula, Neue Hebriden

George Bernard Shaw, der englische Dramatiker, hat einmal gesagt: „Die Vernünftigen passen sich der Welt an. Die Unvernünftigen passen die Welt sich an. Daher kommt aller Fortschritt von den Unvernünftigen.“ Eine zutiefst schamanische Aussage.

So gibt es eben aus Sicht der Schamanen zwei Arten von Kraftplätzen. Diejenigen, die uns Mutter Erde zur Verfügung stellt, damit wir uns dort neu mit Energie auftanken oder besondere Erfahrungen machen können. Die „vernünftigen“, wenn Sie so wollen. Und eben die „unvernünftigen“, die von Menschen bewußt erschaffenen.

Die ersteren sind diejenigen, die Pendlern und Rutengehern vertraut sind, die sich finden und vermessen lassen, die in Beziehung zu anderen Orten der Kraft stehen, mit energetischen Linien und Netzen verbunden. Und die offensichtlich auch schon von unseren Vorfahren gefunden und mit Respekt behandelt worden sind. Sei es, daß sie zum Zentrum eines Kultes wurden oder auf ihnen sichtbare Zeichen errichtet wurden. Sehr oft stehen auf ihnen Monolithe, Tempel, Kirchen oder uralte Bäume.

Die zweiten sind Ergebnis des schamanischen Ermächtigens, des bewußten Entschlusses, hier und jetzt einen Ort der Kraft einzurichten und mit Energie aufzuladen. Dafür kann es verschiedene Gründe und Anlässe geben: Sei es, daß Sie zu Hause gerne einen Platz der Stille, der bewußten Sammlung haben möchten, aber in einem städtischen Neubau wohnen, der nicht auf einer alten Kultstätte errichtet worden ist. Sei es, daß Sie eine prekäre Situation ad hoc bewältigen müssen, während Sie sich auf ganz prosaischem Boden bewegen. Sei es, daß Sie Ihren ganz speziellen Platz haben möchten, den die vielen „Spiritouristen" nicht entdecken können, weil auf ihm kein Schalenstein oder Marterl steht.

Generell tendieren Schamanen dazu, abgesehen von den seit Generationen aufgesuchten Kultstätten, einen Ritualplatz speziell für eine Zeremonie einzurichten – beziehungsweise ist das Einrichten schon ein Teil des Rituals – und danach wieder die Spuren zu verwischen. Dafür gibt es mehrere Gründe: Der eine ist, daß ein Schamane respektvoll mit der Natur umgeht, was auch heißt, daß er nicht überall seinen „Stempel" aufdrücken muß. Er behält sein Erlebnis in Erinnerung, nimmt die ihm geschenkte Kraft mit und verzichtet auf jeden materiellen Beweis. Außerdem kennt er sowieso keinen so großen Unterschied zwischen materieller und nichtmaterieller Welt, wie wir das im Geiste der Naturwissenschaft tun. Er sieht vieles mit dem inneren Auge und steht mit seinen geistigen Lehrern und Krafttieren in Kontakt, ohne daß das unbedingt nach außen sichtbar werden muß.

Ein zweiter Grund kann sein, daß der Schamane keine übelwollenden Mächte anlocken will. Je weniger auffällig die Stelle später ist, an der ein Ritual stattgefunden hat, umso besser. Es gibt durchaus Energievampire, die sich gerne an der Quelle bedienen möchten. Dazu ist mir ein Erlebnis in Peru in Erinnerung: Wir hatten mit Don Eduardo Calderon Palomino eine Art Tanzmeditation durchgeführt, und zwar um den dreizehnteiligen Zodiak in Sacsayhuaman, einer Anlage aus der Zeit der Inkas. Während dieser Zeremonie hatte ich das Gefühl, immer älter zu werden und die Last der Welt tragen zu müssen. Eigentlich war ich überzeugt, daß diese Nacht meine letzte sein würde, wenn es mir nicht gelänge, doch bis zum Ende der Zeremonie in der Gemeinschaft und auf den Beinen zu bleiben. Hundert Hunde heulten um uns herum, und die Nacht wurde immer schwärzer. Aber in demselben Augenblick, in dem ich bereit war aufzugeben, beendete Don Eduardo das Ritual. In den nachfolgenden Gesprächen fand ich heraus, daß diese Nacht nicht für alle die gleiche Beanspruchung bedeutet hatte, nur Don Eduardo und ich hatten so sehr mit dem zu kämpfen, was Schwarzmagier aus diesem bekannten Ort der Kraft gemacht hatten. Die Hunde aber hatten alle gehört.

Ob temporär oder für unbestimmte Dauer, es steht Ihnen immer frei, Ihre besondere Aufmerksamkeit auf einen Ort Ihrer Wahl zu richten und diesen zu dem zu machen, was er in Hinkunft für Sie sein soll. Der menschliche Geist stellt ein großes Energiepotential dar und kann sich jederzeit über die Niederungen der materiellen Welt erheben, er kann sich mit dem Höheren Selbst, dem göttlichen Funken in uns allen, verbinden und Wirklichkeit erschaffen. Die Materie folgt nach.

Wenn Sie mit ein paar gleichgesinnten Freunden in einem Raum Ihre Aufmerksamkeit bündeln und ein gemeinsames Ritual abhalten, wird sich der energetische Status meßbar verändern. So verfügen alte Kultstätten oder Wallfahrtsorte immer über eine Mischung von Energien, teils die vom Planeten angebotenen und teils die von Menschen über die Jahrhunderte mitgebrachten und hinterlassenen. Energie folgt der Aufmerksamkeit, und Aufmerksamkeit folgt der Energie, sagen die alten Hawaiianer. Besondere energetische Verhältnisse an einem Ort der Kraft ziehen Beachtung und Verehrung an, und Verehrung wiederum lädt den Ort zusätzlich auf. Er wird dadurch geweiht.

Auch Ihr eigenes energetisches Niveau können Sie ganz leicht erhöhen, indem Sie zum Beispiel summen. Probieren Sie es aus: Bewegen Sie – fürs erste noch stumm – Ihre beiden Handflächen aufeinander zu und spüren Sie Ihr Energiefeld wie einen Polster dazwischen. Verändern Sie den Abstand ein paar Mal, um den Unterschied zu spüren. Machen Sie das gleiche jetzt noch einmal, während Sie gleichzeitig summen. Fühlen Sie die Veränderung? Daß der Polster zwischen Ihren Händen praller geworden ist? Das ist eine Erklärung dafür, daß eben auch durch das gemeinsame Singen an Kultplätzen die Energie dort für alle spürbar ansteigt.

Wie gesagt, es steht Ihnen frei, wo auch immer Sie es für richtig halten, einen Kraftplatz einzurichten und aufzuladen, indem Sie ihn besonders ausstatten, mit einem kostbaren Bild oder Tuch, einem Kristall, mit Blumen und Kerzen, indem Sie dort etwas Besonderes tun, räuchern, meditieren oder beten, und indem Sie dort besonders liebevolle und heilende Vorstellungen und Gedankenmuster kreieren. Das ist grundsätzlich nicht abhängig von der Dauer Ihrer Bemühungen, sondern viel mehr von Ihrer geistigen Ausrichtung und Ihrem

Vertrauen in sich selbst und die Kräfte des Universums. Schamanen tun nichts, was grundsätzlich nur ihnen und allen anderen nicht möglich ist, sie unterscheiden sich von anderen Menschen nur dadurch, daß sie selbstbewußt und vertrauensvoll auch in der nichtalltäglichen, immateriellen Wirklichkeit handeln. Und das können Sie auch, wenn Sie es wollen.

Ich gehe sogar noch weiter: Ich behaupte, Sie tun es sowieso und jederzeit, nur unbewußt und manchmal wenig zielstrebig. Weil nämlich die Welt genau so funktioniert. Erinnern Sie sich, was ich über die Erkenntnisse der Quantenphysik gesagt habe: Das anwesende Bewußtsein, die Denkmuster des Beobachters erschaffen das Ergebnis, das sich in der Materie manifestiert. Wenn das so ist, gilt das natürlich nicht nur im Labor, sondern auch in unserem gewöhnlichen Alltag. Das heißt, was auch immer Ihnen begegnet, was auch immer Sie erleben, ist Ihre ganz persönliche Variante von Wirklichkeit. Kein Glück oder Unglück, kein mehr oder weniger gerechter Schicksalsschlag, sondern die Spiegelung Ihrer Innenwelt.

Dasselbe gilt für den Umgang mit allen Energieformen des Planeten. Wenn Sie davon ausgehen, daß eine bestimmte energetische Konstellation mit Wasseradern oder ähnlichem sicher pathogen wirkt, also krank macht, geschieht genau das. Und zwar bei Ihnen selbst wie auch bei den Menschen, die Ihre Autorität anerkennen und Ihnen blind vertrauen. Ich finde eine solche Feststellung erstens sehr unschamanisch und zweitens verantwortungslos in mehrfacher Hinsicht, weil wir Menschen verschieden sind und mit den gleichen Umständen ganz unterschiedlich zurechtkommen, weil hinter so einem dezidierten Urteil die Anmaßung steckt, allwissend zu sein, und weil eine solche Feststellung wie eine Programmierung im eigenen Unterbewußtsein wie in dem anderer Menschen die Manifestation des eben gerade befürchteten Zustands begünstigt. Die feste Überzeugung, man lebe geradezu auf einer Zeitbombe, macht viel eher krank als die angebliche geopathische Energie. Sie ist nur ein Vorurteil, ein beschränkendes Denkmuster.

Wenn Sie davon ausgehen, daß Energie an sich neutral ist und nur richtig angewendet und kanalisiert werden muß, können Sie sicher gute Methoden der Transformation entwickeln oder eben herausfinden, welche Tätigkeit sich für welchen Platz und welchen energetischen Status anbietet. Oder Sie lernen die schamanische Technik des Harmonisierens zwischen der vorhandenen Energie und Ihren Denkmustern. Dann werden Sie die Erfahrung machen, daß sich auch eine angeblich problematische Zone segensreich auswirken kann.

Was ich Ihnen damit erläutern will, ist, daß es sich immer lohnt, eine Vision zu erstellen und sie mit Aufmerksamkeit und liebevoller Zuwendung aufzuladen – und die angeblich objektiv wahrnehmbare, materielle Wirklichkeit nicht für unveränderlich zu halten. Das gilt selbstverständlich auch für Orte der Kraft oder für besondere Beeinträchtigungen, die Sie befürchten.

Wenn es möglich ist, daß buddhistische Mönche in einem Kloster mitten in Hiroshima, die während des Atombombenabwurfs in tiefe Meditation versunken, also mit ihrer spirituellen Quelle verbunden waren, nachweislich nicht verstrahlt sind, wenn auch in unseren Breiten zur Zeit der Tschernobyl-Katastrophe ein Mann seinen Garten durch Beten meßbar vor jeder Verseuchung bewahren konnte, obwohl alle Nachbargärten betroffen waren, – wenn das alles geht, ist es völlig unangemessen, irgendeine Art von störender Gegebenheit als unveränderlich zu betrachten.

Unser Heimatplanet wird nicht umsonst „Mutter Erde" genannt, weil er für alle seine Kinder mütterlich sorgt und eine unerschöpfliche Vielzahl an Ressourcen zur Verfügung stellt. Viel mehr, als uns bis heute geläufig sind. Alle Erfahrungen, die wir in und mit der Natur machen, sind Geschenke, aber auch Mitteilungen aus der geistigen Welt. Wir müssen nur lernen, richtig damit umzugehen. Wir alle haben die Fähigkeit dazu, wir alle tragen den göttlichen Funken in uns, wir alle erschaffen uns unsere Realität in jedem Augenblick neu. Unsere Begrenzungen bestehen in unserem Kopf, in unserer beschränkten Vorstellung, nicht in der materiellen Welt.

Das heißt natürlich nicht, daß das leicht ist, daß es nicht sogar Sinn macht, manche der Grenzen in unserem Leben zu akzeptieren. Aber das heißt sehr wohl, daß es Ihnen frei steht, Ihre Grenzen ein bißchen auszuweiten, wenn es Ihnen wichtig genug ist. Und daß der Geist über der Materie steht.

Wenn Sie also zum Beispiel gerne ein Haus kaufen würden, das Ihnen gut gefällt, das in Größe und Lage ideal ist, wenn nur nicht diese verflixte Hochspannungsleitung so nahe wäre, würde ich als Magierin mir eine Vision von einer Lichtwand erschaffen, die alle gesundheitsschädlichen Einflüsse abschirmt. Vielleicht würde ich auch noch in der alltäglichen Wirklichkeit ein Zeichen setzen, tibetische Gebetsfahnen aufspannen oder eine Wächterstatue aufstellen. So habe ich zum Beispiel einmal bei einem sehr heiklen, großen Bauprojekt, bei dem aufgrund politischer Kontroversen nichts weitergehen wollte, 13 Bergkristalle auf dem Gelände verteilt und mit der Geschäftsführung an der Kreation neuer Gedankenmuster gearbeitet. Seither geht alles gut.

Eine andere Möglichkeit besteht, wie gesagt, darin, sich selbst mit der „störenden“ Energie zu harmonisieren. Das kann so aussehen, daß Sie sich in Ihrer Vorstellung eine Wolke aus Licht erschaffen und diese in Ihrer Lieblingsfarbe einfärben. Mit dieser Wolke hüllen Sie nun den Mast und die Drähte ein und lassen dieses Bild, diese Vorstellung los.

Damit meine ich: Machen Sie sich keinen Streß damit, den ganzen Tag immer neue Wolken zu entwickeln! Sie haben einmal gesagt, wie Ihre Welt aussehen soll und auch Ihr eigenes Unbewußtes umprogrammiert. Sie gehen ab sofort davon aus, daß Ihre Bestellung sich materiell manifestieren wird. So wie Sie es im übrigen auch in Ihrem normalen Leben halten. Da wiederholen Sie auch nicht zweimal täglich die Bestellung irgendwelcher benötigter Bestandteile bei einer Zulieferfirma. Sie tätigen einmal die Bestellung und vertrauen darauf, daß ab sofort daran gearbeitet wird. Zumindest für den Regelfall gilt das, nicht wahr? Sie forschen nur dann nach, wenn Sie wenig Vertrauen in Ihren Geschäftspartner haben.

Dasselbe gilt für die schamanische Arbeit mit der nichtmateriellen Welt: Das ständige Wiederholen von Wünschen und Visionen zeugt von Zweifel und mangelndem Vertrauen und hat daher wenig Kraft.

Sie können ganz spielerisch vorgehen, Sie können sich mit Naturgeistern verbünden und Ihre eigenen Märchen wahr werden lassen. Alles hängt nur von Ihrer Kreativität und Flexibilität ab, in Ihren Visionen ist alles erlaubt. **Heilsame, liebevolle und konstruktive Vorstellungen erzeugen heilsame, liebevolle und konstruktive Erfahrungen, und ängstliche, gehässige, destruktive Vorstellungen erzeugen die dazu passenden Ereignisse.** Schließlich kennen wir ja auch im Volksmund Formulierungen wie „Was man am meisten fürchtet, zieht man an" oder „Wo Tauben sitzen, fliegen Tauben zu."

Natürlich nehmen aber auch Schamanen gerne das Angebot von Pacha Mama, wie Mutter Erde in Südamerika genannt wird, an und arbeiten mit Energien, die sie an bestimmten kraftvollen Orten vorfinden. Und sie haben Methoden entwickelt, um dabei möglichst effektiv zu sein. Das betrifft sowohl die Vorbereitung als auch die eigentliche Arbeit an einem Kraftplatz. Der Aufwand dabei steht natürlich in Relation zur Bedeutung des geplanten Rituals.

Zur Vorbereitung gehört die richtige Einstimmung des Bewußtseins, die Ausrichtung der Gedanken und die innere und äußere Reinigung. Zur letzteren kann gehören, daß Schamanen sich oft wochenlang einer bestimmten Diät unterziehen (kein Schweinefleisch, kein Alkohol, kein Salz, keine Butter, kein Kaffee) oder überhaupt fasten. Bei den meisten Ritualen, die ich kennengelernt habe, durften wir zumindest für die letzten sieben Stunden davor nur mehr Wasser zu uns nehmen. Dadurch ergeben sich zweierlei Effekte: Der Körper braucht nicht gerade dann alle Energien zur Verdauung und ist weniger erdgebunden und müde, und der Geist kann sich dadurch bewußt auf das Kommende einstellen, viele kleine Entscheidungen in diese Richtung treffen, nicht jeder Laune, jedem Gelüst nachgeben. Es kann auch sein, daß einige Zeit davor nicht mehr gesprochen wird, daß sich jeder zurückzieht und sich darüber klar wird, was er von diesem Ritual erwartet, was er beitragen und für sich gewinnen will. Was er verändern oder loswerden will und worum er bitten möchte.

Auch äußere Vorbereitungen finden statt, der Ort wird gesäubert und geschmückt und mit einigen Gegenständen, die für die Teilnehmer von Bedeutung sind, ausgestattet. Es kann auch sein, daß der Schamane seine Kraftobjekte anordnet und seinen Platz im Westen, der Seite des Todes und des Überganges zur anderen Welt einrichtet. Alle anderen bereiten ebenfalls ihre Sitzplätze vor, schließlich kann es sein, daß sie eine ganze Nacht dort verbringen werden.

Auch die Personen selbst verändern ihr Äußeres, sie tragen bestimmte Kleidungsstücke oder zumindest ein besonderes Schmuckstück, einen speziellen Stein oder ein Tuch. Sie geben dem Ritual Bedeutung, indem sie sich anders verhalten als im Alltag.

Die Zeit spielt eine Rolle, Rituale finden an besonderen Tagen, Winter- oder Sommersonnenwende, zum Vollmond oder zu bestimmten Ereignissen statt, und beginnen meistens zu einer bestimmten Stunde. 9 Uhr abends zum Beispiel.

Grundsätzlich ist die ganze Vorbereitung geprägt von einer Haltung des Respekts, dem Ort und seinen Hütern gegenüber, wie auch aller Beteiligten untereinander.

Wenn nun das Ritual beginnt, reinigt der Schamane das Energiefeld der Anwesenden und bittet in der geistigen Welt um Erlaubnis, das Ritual durchzuführen. Er lädt die Geister des Ortes, der vier Elemente, seine Lehrer und Geistigen Führer ein, daran teilzunehmen und der Gemeinschaft hier beizustehen. Don Eduardo hat immer auch die Christuskraft gerufen und um Unterstützung gebeten und seine Opfergaben dargebracht. Dazu gehörten unter anderem Mais, Schnaps, Duftöle und Tabak. Das wird aber in allen Kulturen ein bißchen unterschiedlich gehandhabt.

Für den weiteren Ablauf gelten ebenfalls bestimmte Regeln, die dazu dienen, Aufmerksamkeit auszurichten und Energie zu bündeln, damit das Ritual in der alltäglichen Wirklichkeit und in der Innenwelt der beteiligten Personen machtvoll weiterwirken kann: Es wird weiterhin nichts Nebensächliches gesprochen, oft wird getrommelt oder gemeinsam gesungen, und zwar stundenlang in ganz monotoner Weise und ständiger Wiederholung, wie es bei Mantras üblich ist, und jeder einzelne besinnt sich auf das, was hier und jetzt für ihn wirklich wichtig ist, beziehungsweise richtet seine liebevolle Zuwendung auf denjenigen aus, für den die Zeremonie veranstaltet wird.

Das Ritual wird mit einer Danksagung an alle geistigen Wesen beschlossen und der Platz wieder in den vorgefundenen Zustand zurückgebracht.

Aus dieser Beschreibung lassen sich nun leicht – als kleine Wiederholung – die einzelnen Aspekte eines Rituals ablesen:

- Der Ort sollte besonders sein oder besonders gemacht werden, wenn es sein muß. Wenn es sich dabei nicht ohnehin um einen Kraftplatz handelt, um eine Kirche, eine alte Kultstätte, einen Berg, eine Höhle, eine Quelle oder so, liegt es an Ihnen, Zeichen zu setzen, die in Ihren Augen diesen Ihren Kraftplatz von der alltäglichen Umgebung abheben. Ich benütze meistens ein besonders schönes Tuch, das ich ausbreite, eine brennende Kerze, einen Kristall oder Ähnliches. Wenn ich von der Situation, in der ein Ritual notwendig wird, überrascht werde, suche ich mir ein paar Dinge aus der Umgebung dafür zusammen. Es spielt keine Rolle, ob mein Steinkreis aus Kieselsteinen und die Blumen aus Plastik sind. Meine bewußte Absicht macht aus den gewöhnlichen Utensilien Ritualgegenstände.

Damit will ich Ihnen raten, sich nicht von bestimmten materiellen Faktoren abhängig zu machen. Es ist viel wichtiger, ein notwendiges, lösendes oder heilendes Ritual durchzuführen – auch wenn die äußeren Umstände ein bißchen banal wirken – als es zu unterlassen, weil die magische Grundausstattung gerade nicht zur Verfügung steht. Das alles entscheidende Kriterium ist Ihre Ausrichtung und Intention. Die Materie folgt dem Geist und nicht umgekehrt.

Und wenn Sie können, entfernen Sie störende Faktoren, schalten Sie das Telefon ab und schließen Sie die Türen. Auch das hilft Ihrer Konzentration.

Der Zeitpunkt spielt ebenfalls eine Rolle für das Ritual. Darum finden seit alters her Zeremonien zu den Sonnenwenden und Tagundnachtgleichen, zu Voll- oder Neumond statt. Aber auch das ist nicht bindend, Sie können sich die richtige Stunde am richtigen Tag wählen, sie zur richtigen erheben. Es könnte ja sein, daß Sie nicht die Möglichkeit haben, die nächste Vollmondnacht zu nützen, daß es zu lange dauert bis dahin. Im Klartext heißt das, Sie sagen: „Jetzt ist der Augenblick der Macht, hier und jetzt findet mein Ritual statt." Machen Sie es sich aber nicht schwerer als unbedingt notwendig, eine stille Nachtstunde eignet sich meistens besser als eine zur Hauptgeschäftszeit.

Weiters ist es wichtig, den Zweck, zu dem dieses Ihr Ritual stattfindet, festzulegen und anzusagen. Damit geben Sie Ihrem Bewußtsein einen Fokus und stellen den Zusammenhang mit allen Elementen Ihrer Zeremonie her. Sie sagen: „Das ist ein Ritual zu diesem und jenem Zweck. Die Kerze steht für das Element Feuer, die Blumen für die Erde und die Feder für die Luft. Ich gieße jetzt Wasser aus, um einen Schutzkreis zu ziehen und auch dieses Element einzubeziehen …" Oder was auch immer, es steht Ihnen völlig frei, die Symbolik aller Faktoren zu bestimmen. Dazu gibt es keine starren Regeln.

Nicht vergessen sollten Sie auch, daß zu jedem Ritual eine klare Struktur des Ablaufs gehört, daß es einen deutlich erkennbaren Anfang und ein ebensolches Ende haben soll. Beginnen Sie daher mit einem besonderen Klang, dem von Zimbeln oder einer Trommel, oder auch nur einer gesprochenen Begrüßungsformel für die Geister des Ortes. Oder mit einer speziellen Geste oder Handlung wie dem Entzünden der Kerze oder dem Anlegen Ihrer magischen Kette. Alles, was den Beginn klar markiert, ist geeignet. Und beenden Sie Ihr Ritual ebenso klar und eindeutig, indem Sie eventuell die Kerzenflamme ausblasen, sich bei den Hütern des Ortes bedanken und die Spuren verwischen.

Ein Ritual sollte möglichst alle Sinne betreffen, wenn es geht, auch in materieller Form. Und wenn das zu schwierig ist, zumindest in visualisierter Form. Sie sollten etwas Besonderes sehen, hören, riechen, fühlen und tun, damit auch Ihr Unterbewußtes beeindruckt ist und nicht heimlich gegen Ihr Verstandesbewußtsein arbeitet. Je sinnlicher Ihre Erinnerung im Gedächtnis bleibt, desto wirkungsvoller wird sie sich in der alltäglichen Wirklichkeit manifestieren.

Durch eine solche Zeremonie machen Sie jeden Ort zu Ihrem persönlichen Kraftplatz, Ihr besonderer Umgang verschafft ihm die gesteigerte Energie, die ihn auszeichnet. Auch mit Kraftplätzen, wie wir sie in unseren Breiten vorfinden, sollten Sie möglichst bewußt umgehen, umso eher kommen Ihnen ihre Qualitäten zugute.

Hier noch ein paar konkrete Hinweise:

Nähern Sie sich vorsichtig, langsam und achtsam! Fahren Sie nicht mit dem Auto bis auf zwei Meter heran! Nutzen Sie den kleinen Fußmarsch zur bewußten Einstimmung, lassen Sie Ihren Alltagsärger hinter sich! Wenn nötig, reinigen Sie sich von allem Mitgebrachten durch Händewaschen, bloßes Abstreifen Ihres Energiekörpers, durch Abschütteln oder eine andere, Ihnen passend erscheinende Geste. Beachten Sie die Zeichen der Natur, schauen Sie, was in der Umgebung des Kraftplatzes wächst oder krabbelt!

Behandeln Sie diese heiligen Orte immer mit Respekt! Fragen Sie um Erlaubnis, bevor Sie eintreten, und hören Sie auf die innere Stimme, auf Ihr Gefühl, das Ihnen diese Erlaubnis vermittelt oder auch verweigert. Respektieren Sie die Entscheidung und fragen Sie sich im Falle einer Verweigerung, was Sie besser machen können, um doch willkommen zu sein.

Bringen Sie kleine Geschenke und Opfergaben mit! Im schamanischen Weltbild geht man davon aus, daß alles im Universum nach Balance strebt. Daher sollte auch Ihr Besuch bei einem Ort der Kraft energetisch ausgeglichen ablaufen. Sie werden bestimmt von Mutter Erde beschenkt und Ruhe und Kraft tanken, deshalb suchen Sie den Platz ja wahrscheinlich auf. Also ist es angemessen, daß auch Sie Gastgeschenke anbieten.

Vielleicht wissen Sie schon, daß in unserer polaren Welt auch Kraftplätze eher männlich oder eher weiblich in ihrer Ausstrahlung sein können. Sie sind also eher aktiv-aufladend oder passiv-beruhigend. Aus schamanischer Sicht heißt das, daß die dort anwesenden Geister als Personifizierungen der Energie eben auch männlich oder weiblich sind. Und so haben sie auch verschiedene Vorlieben: Die männlichen Geistwesen lieben den Rauch von Tabak, Räucherstäbchen oder anderem Räucherwerk, und die weiblichen haben allerhand für Körner und Samen übrig. Ich habe deshalb meistens eine Handvoll Dinkel in der Tasche, die ich vor Ort verteile, oder hebe ein paar Zapfen im Wald auf, die ich in der Schale eines Steins hinterlasse.

Daraus folgt die Bitte, Dinge dieser Art, die Sie an und um Kraftplätze(n) finden, liegen zu lassen. Sie liegen nicht zufällig dort und bedeuten keine Verunreinigung des Ortes.
Apropos Verunreinigung: Wenn Sie allerdings wirklich Reste von Zivilisationsmüll finden, machen Sie sich bei den Hütern des Ortes sehr be-

liebt durch Aufräumen. Sie werden es Ihnen sicher durch besonders schöne und intensive Eindrücke und Erlebnisse danken.

Wenn Sie einen Kraftplatz betreten, tun Sie das bewußt und nicht leichtfertig. Lassen Sie die besondere Stimmung und Energie auf sich wirken! Machen Sie sich durchlässig und feinfühlig, lassen Sie sich durch nichts ablenken, was Ihre Aufmerksamkeit auf der Ebene der alltäglichen Wirklichkeit festhält. Richtig verstandene Demut, nicht Unterwürfigkeit, das Anerkennen einer größeren, liebevollen Macht als der dem menschlichen Verstand zugänglichen ist die angemessene Haltung. Lassen Sie den verbreiteten Hochmut unserer Macher-Philosophie draußen!

Gehen Sie zuerst einmal in Ruhe um den Platz herum, und zwar in der aufladenden Richtung, im Uhrzeigersinn. Und dann suchen Sie ein paar besondere Stellen auf, bleiben dort eine Zeitlang stehen oder sitzen und lauschen nach innen. Vielleicht tauchen Bilder vor Ihrem geistigen Auge auf, die Geschichte des Platzes oder Ihre eigene betreffend. Wenn Sie mögen, können Sie auch die Stirn an einen Stein oder einen Baumstamm legen und mit dem Stein- oder Baumwesen Kontakt aufnehmen. Nehmen Sie Ihre Hände zu Hilfe und fühlen Sie das Energiefeld, das die einzelnen Steinblöcke oder Baumwesen umgibt.

Was auch immer Sie tun, tun Sie es in Ruhe und mit Respekt. Behandeln Sie die Wesenheiten in der Natur so, wie Sie es auch für sich selbst wünschen, dann erschließen sich Ihnen bestimmt neue Dimensionen des Erlebens und Bewußtseins. Dann wird Ihr Leben auch auf den nichtmateriellen Ebenen reich, aufregend und abenteuerlich.

Zeitreisen

Auslegerboot, Symbol für das Leben als Abenteuer, hawaiianische Petroglyphe

Im schamanisch-magischen Weltbild gibt es den Begriff der Zeit, wie wir ihn in der alltäglichen Wirklichkeit benutzen, nicht. Magier gehen davon aus, daß der gegenwärtige Moment der einzig existente ist, daß wir nur im Hier und Jetzt wirksam werden können. Alles andere ist Fiktion.

Das ist den meisten Menschen durchaus einsichtig, soweit damit die Zukunft gemeint ist, sie bekommen aber sofort Schwierigkeiten mit dieser Annahme, sofern sie sich auch auf die sogenannte Vergangenheit bezieht. Aus magischer Sicht gibt es diese Unterscheidung nicht, Vergangenheit ist genausowenig eine vollständige Ansammlung von bekannten Fakten wie das eine Hochrechnung bezüglich dessen, was uns angeblich bevorsteht, ist. Was wir in uns tragen, was uns – bisher – geprägt hat, ist nur die Erinnerung. Und die ist nur eine subjektive, selektive Wahrnehmung, die wir aber gerne für umfassend und objektiv richtig halten. Ganz großer Irrtum!

Die moderne Gehirnforschung kommt zu sehr interessanten Ergebnissen, zum Beispiel diesem: In jeder Sekunde wird jeder Mensch von einer enormen Menge an Information überschwemmt, in der Computersprache ausgedrückt sind das 300.000 Bits. Davon kann er, ebenfalls pro Sekunde, nur etwa 7 bis 9 Bits verarbeiten, einordnen, bewerten und speichern. Können Sie sich vorstellen, wie wenig wir alle daher wirklich von der Vergangenheit wissen und in uns tragen? Ein 33tausendstel bis ein 43tausendstel von all dem, was an sinnlichen Eindrücken und Erfahrungen auf uns zu gekommen ist, ist uns geblieben, ganz speziell gemäß unserer persönlichen Denk- und Glaubensmuster gefiltert. Und das halten wir für die objektive, unveränderbare Wahrheit?

Ein Mensch – Sie und ich und alle anderen – ist ein beschränktes Wesen mit einer beschränkten Wahrnehmung. Daran ist gar nichts schrecklich oder falsch. Es ist einfach so. Verhängnisvoll ist nur, das eigene Spektrum, den eigenen bescheidenen Ausschnitt aus der Fülle der möglichen Erfahrungen für das Ganze zu halten und daraus Schlüsse zu ziehen, die auch für andere gültig sein sollen. Die Variationsmöglichkeiten von 7 bis 9 ausgewählten Bits aus 300.000 sind enorm vielfältig, theoretisch kann mein Sitznachbar im Kino einen völlig anderen Film als ich sehen, können zwei Menschen, die miteinander durch den Wald gehen, völlig verschiedene Erlebnisse haben. Das einzige, was uns davor bewahrt, völlig isoliert in unserer ganz eigenen Welt existieren zu müssen, ist eine gewisse Vereinbarung, die Wahrnehmungsfilter betreffend. Schon von klein auf wird uns beigebracht, „wesentlich“ von „unwesentlich“ zu unterscheiden, den kulturspezifischen Kriterien entsprechend bestimmte Informationen vorzuziehen. Ein Schamane würde sagen, wir träumen einen gemeinsamen Traum, wir haben uns darauf geeinigt, von gewissen Prämissen auszugehen.

Und doch träumen wir immer nur partiell den gleichen Traum, das macht die Geschichte dann auch so schwierig. Wir betrachten rot als rot und halten Katzen für Tiere, wir verstehen die gleiche Sprache und frieren im Winter gemeinsam. Aber das ist noch längst nicht die ganze Wahrheit. Gerade was den emotionellen Bezug zu unseren Erlebnissen angeht, unterscheiden sich unsere Erfahrungen grundlegend. Um es ganz simpel zu sagen: Wir finden dieselben Menschen je nach persönlicher Befindlichkeit und Assoziation liebenswert oder unsympathisch, genießen einen heißen Sommertag oder leiden darunter, erklären gefüllte Paprika zu unserer Leibspeise oder vertragen sie nicht. Und am allermeisten unterscheiden sich die abgespeicherten Erinnerungen, die sich auf unsere Kinderzeit beziehen. Da wurden die Filter installiert, die sich am nachhaltigsten auf all unsere weiteren Erfahrungen auswirken. Oder bisher ausgewirkt haben.

Wenn Sie sich vor Augen halten, daß die Fülle des Universums immer vorhanden ist und Ihnen zur Verfügung steht, daß diese Ihnen seit Jahren vertrauten Filter nur eine Art Programmierung sind, die sich jederzeit verändern läßt, wenn sie Ihnen nicht mehr nützt und gefällt, dann, ja dann wird's wieder einmal richtig spannend. Dann gehen die Türen zu ganz neuen inneren Räumen auf, dann beginnen Sie vielleicht zu ahnen, wie wunderbar und reich und bunt das Leben sein kann.

Sollten Sie nun einwenden, daß eine solche Veränderung Zeit braucht, daß es nicht leicht sei, alte Gewohnheiten auszutauschen, heißt das nicht mehr und nicht weniger, als daß Sie eben das Denkmuster, daß nur das etwas wert sein kann, was schwer zu erreichen ist, beibehalten wollen. Alles nur eine Frage der Vorstellungen, der symbolischen Bilder! Sobald Sie sich ein Bild als Vorlage wählen, das mit einer unmittelbaren Veränderung kompatibel ist, haben Sie schon die besten Voraussetzungen dafür geschaffen. Ich mache Ihnen ein Angebot: Denken Sie an einen Computer, auf dessen Festplatte ein älteres Schreibprogramm installiert ist, das Ihren Anforderungen nicht mehr entspricht. Wenn Sie nun dieses Programm löschen und durch die neueste Version in Sachen Textverarbeitung ersetzen, kann Ihr Gerät sofort und unmittelbar etwas anderes, Neues, Besseres. Es muß sich nicht erst allmählich daran gewöhnen und fällt nie wieder in das alte Programm zurück.

Wenn Sie eine solche symbolische Darstellung auch für sich selbst und Ihre Denkstrukturen akzeptieren können, haben Sie den Schlüssel dafür gefunden, einen unbefriedigenden, allzu bekannten, hundertmal abgespielten Mechanismus durch eine lustvoll besetzte Neuprogrammierung zu ersetzen. **Begrenzt werden Ihre Möglichkeiten vor allem durch die Beschränkungen in Ihrem Vorstellungsvermögen, die in der materiellen Welt ihren Ausdruck finden. Sie entscheiden also durch die Wahl Ihrer mentalen Muster, wie schnell und leicht sich in Ihrem Leben etwas zu Ihren Gunsten verändern kann oder nicht.**

Im Klartext heißt das, Sie haben die Wahl zu sagen, „Ich bin doch kein Computer, ich funktioniere viel komplizierter. So einfach kann (und darf) es nicht sein.“ oder „Es wäre doch gelacht, wenn ein so hochentwickeltes Wesen wie ein Mensch nicht mindestens das Gleiche könnte wie eine Maschine. Natürlich kann ich alles verändern, was sich für mich nicht mehr bewährt, und zwar sofort und unmittelbar.“ Damit stellen Sie die Weichen für Ihr zukünftiges Erleben. Soweit klingt die Sache für Sie wahrscheinlich noch plausibel und nachvollziehbar, nicht wahr?

Für den Schamanen und Magier gilt aber genau dasselbe auch für die sogenannte Vergangenheit, die er für genauso wenig fix und vorhanden hält wie die Zukunft. Vergangenheit ist nicht mehr da, und ob, wie und in welcher Form sie jemals dagewesen ist, ist auch ziemlich ungewiß. Schamanisch betrachtet gibt es nicht einmal die chronologische Abfolge von Vergangenheit, Gegenwart und Zukunft. Diese Anordnung der Ereignisse hintereinander hängt nur mit einer weiteren Beschränkung unserer menschlichen Möglichkeiten zusammen. Wir wären völlig überfordert, wenn wir mit der Gleichzeitigkeit allen Geschehens zurechtkommen müßten, wir – vor allem wir in den westlichen Industrieländern – sind in unserem normalen Wachbewußtsein nicht mit der Fähigkeit ausgestattet, unsere alltäglichen Erlebnisse ganz ohne die Zusammenhänge von Ursache und Wirkung, sondern nur als energetische Entsprechungen zu verstehen.

Auf anderen Bewußtseinsebenen, mittels geringerer Gehirnstromfrequenzen ist es aber jedem von uns möglich, das Zeitgefühl zu verlieren, „aus der Zeit zu fallen“. Erlebt haben wir das alle schon in Situationen, in denen einem auffällt, wie relativ die Zeit ist. Da vergehen Stunden mit einem geliebten Partner oder in einer vergnügten Runde wie im Flug, während sich die Minuten, die man im Wartezimmer eines Zahnarztes verbringt, endlos dahinziehen. Noch deutlicher wird es im Traum, der ja nach den Erkenntnissen der Naturwissenschaft jeweils nur wenige Sekunden oder Minuten dauert, subjektiv aber das Gefühl vermittelt, man habe die aufregendsten Abenteuer in epischer Breite absolviert.

Diese Erfahrung macht sich nun der Schamane zunutze, indem er sich ganz bewußt und absichtlich auf die Reise in die nichtalltägliche Wirklichkeit begibt. Er geht davon aus, daß die Zeit eine – wenn auch für manche Belange nützliche – Illusion ist und auf der Traumebene nicht existiert. Für ihn gibt es im Universum keine Grenzen außer denen, die wir uns für bestimmte Zwecke wählen. Das heißt nicht, daß wir ohne jede Art von Grenzen leben könnten. Grenzenloses Erleben wäre kein Erleben, weil sich unsere menschliche Erfahrung immer nur an Veränderungen, Kontrasten und Unterschieden orientiert. Das heißt aber sehr wohl, daß Grenzen an sich willkürlich gesetzte Schranken sind, die der Magier nur als eine Art Spielregeln betrachtet, die dem Spiel dienlich sein müssen. Tun sie das nicht oder nicht mehr, steht es ihm frei, sie zu verändern. Dabei hat er nur zu berücksichtigen, daß seine Mitspieler ihre eigene Sicht der Dinge und eben auch der Spielregeln haben und daß er ihnen die Veränderung begreiflich und schmackhaft machen muß, wenn er weiterhin mit ihnen zusammenspielen will. Kann er darauf verzichten, geht es ihm nur um seine eigene Person, ist er bereit, jede Konsequenz auf sich zu nehmen, fällt diese Einschränkung, diese Konzession an die anderen natürlich weg.

Und wie erreicht man nun diese andere Wirklichkeit, die Traumebene, auf der man zwischen den Zeiten unterwegs sein kann? Dafür haben die Magier in allen Kulturen eigene Techniken entwickelt. In den meisten schamanischen Traditionen bedienen sich die Heiler und Zauberer der rhythmischen Anregung durch Trommel oder Rassel, um in eine leichte Trance zu fallen, in der sie aber keineswegs das Bewußtsein für ihre Umgebung und ihre Aufgaben in der Realität verlieren. Sie begeben sich in die Zwischenwelt zwischen Wachen und Schlafen, in den Zustand, den wir aus den Phasen kurz vor dem Einschlafen und kurz nach dem Aufwachen kennen.

Die Kahunas in Hawai'i benützen auch dafür die Atemtechnik, die KIMANA (Energie bewegen) heißt, eine ausführliche Erweiterung von PIKO-PIKO und in vielen Varianten bekannt ist. Eine davon möchte ich Ihnen beschreiben:

Setzen oder legen Sie sich bequem hin, schließen Sie die Augen und lenken Sie Ihre Aufmerksamkeit beim Einatmen auf den Himmel über Ihnen, auf das All bis zu den Sternen und beim Ausatmen auf Ihren Nabel, beim nächsten Einatmen auf die Welt um Sie herum, den Raum, die Stadt, die Landschaft, und beim Ausatmen wieder auf den Nabel. Beim dritten Einatmen ist Ihre Aufmerksamkeit in der Erde unter Ihnen bis hinunter zum Erdmittelpunkt und beim Ausatmen wieder beim Nabel. Es folgen: Einatmen – Scheitel, Ausatmen – Nabel, Einatmen – Hände, Ausatmen – Nabel, Einatmen – Füße, Ausatmen – Nabel, Ein- und Ausatmen – Nabel.

Sie befinden sich nun in einem sehr entspannten Zustand und können sich auf die schamanische Reise begeben. Wählen Sie sich dazu einen roten Faden zur Orientierung, ein bestimmtes Thema oder Problem, das Sie beschäftigt und interessiert. Eine traumatische Geschichte aus Ihrer Kindheit, die Sie aufarbeiten wollen, eine bestimmte Fertigkeit, die Sie sich aneignen wollen, vielleicht sogar ein Erlebnis, das Sie in einem größeren (karmischen) Zusammenhang begreifen wollen, und folgen Sie diesem Faden. Eventuell in chronologisch umgekehrtem Ablauf. Wichtig ist in diesem Zusammenhang auch noch, daß Schamanen ganz grundsätzlich nichts aus purer Sensationslust oder zur Beweisführung unternehmen und daher solche Reisen immer dem Zweck der Heilung und der Erweiterung von Wissen im weitesten Sinn dienen.

Sie haben auf einer solchen Reise in Ihr eigenes Unterbewußtes die Möglichkeit, einzugreifen, Erinnerungen weiterzuspinnen oder neue Blickwinkel zu finden. Sie können sich selbst direkt oder in symbolischer Gestalt Zuneigung, Ratschläge und Unterstützung geben und dadurch den emotionellen Gehalt vergangener Erlebnisse neu definieren, die darin gebundene Energie lösen und wieder für die Gegenwart verfügbar machen. Wichtig ist dabei, daß Sie sowohl die gespeicherten Bilder, als auch Ihre ergänzenden Vorstellungen so detailreich und sinnlich wie nur möglich gestalten. KU muß durch die Intensität der neuen Visualisierungen tief beeindruckt sein!

Wenn Sie die Geschichte in Ihrem Sinn korrigiert und die erinnerte Emotion verändert haben, kehren Sie wieder in die Alltagsrealität zurück, indem Sie Ihre Aufmerksamkeit beim Einatmen auf den Nabel lenken, beim Ausatmen in die Erde unter Ihnen, beim nächsten Einatmen wieder auf den Nabel, beim nächsten Ausatmen auf die Welt um Sie herum und beim letzten Einatmen auf den Nabel und beim Ausatmen auf den Himmel über Ihnen. Sie bewegen Hände und Füße, atmen noch einmal gut durch, öffnen die Augen und nehmen Ihre Umgebung im Hier und Jetzt wieder bewußt wahr.

Um Ihnen die Angelegenheit plastischer darzustellen, möchte ich ein paar eigene Erfahrungen berichten:
Es gab eine Zeit in meinem Leben, in der ich mir ziemlich überfordert und alleingelassen vorkam. Also versetzte ich mich auf meiner inneren Reise so intensiv und emotionell wie möglich in eine konkrete und typische Situation dieser Lebensphase zurück und gestaltete die Erinnerung so sinnlich wie möglich. Dazu malte ich mir nicht nur alle optischen

Details vor meinem inneren Auge aus, sondern ich achtete auch darauf, was in dieser erinnerten Szene zu hören und zu riechen war, und berührte sogar Gegenstände und vergegenwärtigte die haptischen Eindrücke. Und ich tauchte wieder in die emotionelle Befindlichkeit von damals ein, sah mich selbst weinend sitzen.

Als die Person, die ich heute bin, und mit dem Wissen von heute betrat ich nun den Raum meiner Erinnerung, tröstete mein früheres Selbst, erzählte ihm viele nette Geschichten, die seither passiert sind, und versicherte ihm glaubwürdig, daß das, was noch wie ein riesiger unüberwindlicher Berg aussehe, zu einem sanften Hügel und sich in Wohlgefallen auflösen werde. Ich wüßte es ja schon. Mein trauriges früheres Ich hat aufmerksam zugehört und mir geglaubt, die erinnerten Gefühle von damals belasten mich heute nicht mehr.

Wenn es Ihnen schwer fällt, sich vorzustellen, daß Sie sich in zwei getrennten Personen selbst gegenüberstehen, können Sie auch in anderer Gestalt in die erinnerte Geschichte eingreifen, als Lichtkugel, als Tier, unsichtbar, als warme Empfindung oder in jeder anderen Form. Wichtig ist nur, daß die Vorstellung für Sie selbst angenehm und stimmig ist.

Und auch eine zweite Erfahrung will ich Ihnen berichten, die für mich besonders lustvoll und fröhlich war:
Im Sommer 1995 ließ ich mich zur Veröffentlichung eines Inserates überreden, in dem ich eigene Kurse im September anbot. Der Erfolg war niederschmetternd: Ganze drei Anrufe, ausnahmslos von Leuten der Kategorie, die meine Freundin Trixa „Spiritouristen“ nennt. Im Oktober rief dann eine Frau an, die meinte: „Das klingt aber spannend, Magie im

Alltag und so. Ja, ich weiß, die Termine sind vorbei, aber erzählen Sie mir doch ein bißl was!“ Da es sich um mein Lieblingsthema handelte, war ich leicht dazu zu bewegen. Plötzlich unterbrach sie mich: „Haben Sie eigentlich schon ein Buch geschrieben?“ Ich blieb höflich, obwohl mich diese Frage ärgerte. Schließlich nahm ich für mich in Anspruch, auch ganz ohne Buch etwas zu sagen zu haben. „Nein“, antwortete ich also, „aber ich hab’ mit dem Gedanken daran bereits gespielt.“ Darauf sie: „Ich finde, Sie sollten aufschreiben, was Sie mir grad erzählt haben, und ich hoffe, Sie bieten es mir an. Ich hab’ nämlich einen Verlag.“

Jetzt war ich völlig perplex. Immer hatte ich von Autoren gehört, die ihre Arbeit bei 20 Verlagen einreichen müssen, um vielleicht einen Interessenten zu finden. Und nun passierte mir die umgekehrte Geschichte, ich hatte eine interessierte Verlegerin, aber noch keine einzige Zeile geschrieben. Das konnte nur ein Zeichen sein, dachte ich, daß es im Universum noch viel mehr Möglichkeiten gibt, lehrend und heilend zu wirken, als mir eben bisher eingefallen waren. Das kann durchaus auch mittels Büchern geschehen.

Wie sollte ich also möglichst rasch zur Autorin werden, wie konnte sowas gehen? Vor Schriftstellern hatte ich einen Heidenrespekt, schließlich bedeuten mir gute, gescheite Bücher viel. Ich hatte immer viel gelesen. Ein richtiges Buch schreiben, eines, das ich selbst gerne lesen würde und das auch andere Menschen erreicht – was für ein Abenteuer! Seit dieser Zeit ging ich mit dem Projekt schwanger.

Im Mai 1996 ging es im Rahmen meiner Huna-Ausbildung darum, die Technik des Zeitreisens zu erlernen und zwar an einem konkreten Beispiel. Wir sollten uns überlegen, welche Fertigkeiten wir gerne hätten und wie der Weg dazu hätte aussehen müssen, damit wir hier und heute bereits darüber verfügten. Ich wollte natürlich eine erfolgreiche Autorin sein und ging nun in Visualisierungen in meiner Geschichte zurück, erfand mir eine gediegene Ausbildung und mehrere kleine, aber respektable Veröffentlichungen mit guten Kritiken. Als ich wieder in der Jetztzeit angekommen war, hatte ich in mir mental durchaus schon ein Schriftstellerimage erschaffen. Damit aber nicht genug, Schamanen programmieren die Manifestation in der alltäglichen Wirklichkeit, indem sie sich den Erfolg so sinnlich und detailreich wie nur möglich vorstellen und im voraus feiern. Für Leistungssportler heute schon ein Bestandteil des normalen Trainings, für mich aber doch gewöhnungsbedürftig. Haben wir doch alle schon als Kinder sehr oft gehört: Eigenlob stinkt. Bescheidenheit ist eine Zier. Man soll nix verschreien etc.

Aber weil ich schon gut in Fahrt war, überwand ich alle diese heimlichen Einflüsterungen und organisierte mir ein großes Fest anläßlich der ersten 100.000 verkauften Exemplare meines Buches, von dem noch immer keine Zeile in der gewöhnlichen Realität existierte. Alles mental, wohlgemerkt!

Im Oktober 1996 hatte ich endlich einen eigenen Computer und einiges über Textverarbeitung gelernt, ich setzte mich also hin und begann zu schreiben. Vier Monate später war die erste Fassung fertig, ich hatte zwischendurch auch noch den Verlag gewechselt und mein Schriftstellerimage innerlich gefestigt. Im März 1997 hatten wir, mein Buch und ich, bereits den ersten Durchgang im Lektorat hinter uns. Der Rest der Geschichte entspricht dem normalen Ablauf im Verlagswesen, der Umsetzung meiner Vision in die Materie. Menschen kaufen und lesen das Buch. Das Ziel meiner Zeitreise, das große Fest, rückt näher.

Übrigens noch ein Detail am Rande: In meiner Vision stand rechts neben mir eine Person, die Verleger war, eine blonde Frau. Beide Verlegerinnen, mit denen ich zu tun hatte, sind blond. Sehr bemerkenswert!

Auch die verbreitete Form der nichthypnotischen Rückführung ist eigentlich eine Zeitreise, bei der in der Regel auch einem bestimmten Thema, das sich in diesem „jetzigen" Leben als problematisch und schwer in den Griff zu bekommen erwiesen hat, nachgespürt wird. Dabei führt der Therapeut seinen Klienten zuerst in die Entspannung und dann Schritt für Schritt entlang einer imaginären Zeitschnur zurück und läßt sich genau berichten, welche Bilder dabei auftauchen. Wenn nötig, hilft er mittels gezielter Fragen, die sinnlichen Eindrücke zu präzisieren.

Sobald eine Szenerie auf dem inneren Bildschirm erscheint, die zum Thema paßt, wird diese genau untersucht, aber nur in den seltensten Fällen verändert. Die meisten Reinkarnationstherapeuten beschränken sich darauf, die Schlüsselszene an die Ebene des Bewußtseins zu heben, in der Annahme, daß das Verstehenkönnen der eigenen Problematik für den Klienten schon eine große Hilfe sei. Was sicher auch stimmt. Insofern entspricht das dahinter stehende Weltbild dem der meisten anderen Psychotherapeuten, nämlich daß Vergangenheit ein unveränderbares Faktum sei und daß man nur daran arbeiten könne, im Unterbewußten verborgene und quälende Erfahrungen ans Licht des Wachbewußtseins zu heben und dadurch ihrer Wirkung nicht mehr so hilflos ausgeliefert zu sein. Die Reinkarnationstherapie erweitert nur den Zeitraum von einem Leben auf deren mehrere.

Dem magischen Weltbild entsprechend geht ein Schamane einen großen und, wie ich meine, entscheidenden Schritt weiter: Er betrachtet auch die Vergangenheit nicht als abgeschlossen, sie ist Teil seines Traums, in den er jederzeit eingreifen kann. Für ihn gibt es keinen Grund anzunehmen, daß sich irgendetwas in der materiellen Realität auf dieser Welt jemals als über der Macht des Geistes stehend erweisen könnte. Damit befindet er sich im Einklang mit der modernen Physik, die uns lehrt, daß subatomare Teilchen in jedem Augenblick durch das anwesende Bewußtsein neu definiert werden, ihre Identität durchaus auch immer wieder wechseln können. Nix ist fix!

Wir werden in unserer kühnen Neugestaltung des Planeten nur durch die Denkmuster unserer Mitmenschen behindert, da es ganz schwierig ist, als einzelner die Materie zu verändern, solange Tausende andere an der bisherigen Vorstellung festhalten. Das hat auch Leonardo da Vinci erfahren müssen (siehe „Die drei Funktionen des Selbst"). In Bereichen aber, die weniger der öffentlichen Kontrolle ausgesetzt sind, wo daher auch der Einfluß der Mitbürger gering ist, steht es Ihnen völlig frei, sich die Welt auch in Vergangenheit und Zukunft nach Gutdünken einzurichten. Vorausgesetzt, Sie können sich das vorstellen.

Machen Sie das Experiment mit einer Geschichte aus Ihrer Erinnerung, an die bis heute viel negative, schmerzliche Emotion gebunden ist. Gehen Sie auf eine Reise in die Zeit dieser Erlebnisse und verändern Sie den ablaufenden Film. Stellen Sie sich vor, Sie seien der Regisseur und hätten gerade ein paar mißlungene Szenen nachdrehen lassen. Mit diesen neuen, schönen, erfreulichen Bildern ersetzen Sie jetzt den Teil Ihres Films, den Sie nicht mögen, der Ihnen nicht gefällt. Und lassen Sie sich Ihr Werk in dieser verbesserten Version vorführen und vergleichen Sie, um wieviel angenehmer und entspannter Sie sich dabei nun fühlen.

Eine Filmproduktion ist überhaupt ein gutes Beispiel für die bewußte Gestaltung einer Geschichte, weiß man doch, daß die Szenen nicht chronologisch aufgenommen, oft in verschiedenen Versionen gedreht und erst am Schneidetisch nach Gutdünken zusammengefügt werden. Und das Endprodukt dieses diffizilen, langwierigen und kühl kalkulierten Unternehmens vermag dann in vielen, vielen Zuschauern die Emotionen hochgehen zu lassen, ihr KU nimmt diese willkürlich gebaute Geschichte eins zu eins an und lacht und weint mit. KU unterscheidet nicht zwischen Vorstellung und Wirklichkeit, deshalb ist es unsinnig, ihm LONO-Unterscheidungen aufzwingen zu wollen. Wenn Sie sich also Ihren ganz persönlichen Film so gestalten, daß sich Ihr KU damit wohlfühlt, ändert sich Ihre Befindlichkeit im Hier und Jetzt unmittelbar.

Und wenn es Ihnen gelingt, so intensiv in Ihre eigene Erinnerung einzusteigen, daß Sie den Eindruck haben, Sie seien dort wirklich und leibhaftig anwesend und könnten in die Geschichte bewußt und absichtlich eingreifen, wenn Sie das dann auch tun, werden Sie die verblüffende Erfahrung machen, daß der Effekt bis in die Gegenwart wirkt. Sogar auch auf andere Personen, die in die erinnerte Szene involviert waren. Das lohnt doch den Versuch, oder?

Parallel-Leben

Schamane in Bärenmaske,
vermutlich bei Heilungsritual, sibirische Felszeichnung

Das ist ein Begriff, den Sie vielleicht aus diversen Science Fiction-Serien kennen, wo immer wieder ein Raumschiff durch ein Wurmloch schlüpft und in einem Paralleluniversum landet. In schamanischen Traditionen gibt es die Annahme, daß wir uns hier auf der Erde nicht in unserem einzigen Leben und nicht im einzig möglichen Universum bewegen, schon seit Jahrtausenden.

Sicher sind Sie schon einmal in Ihrem jetzigen Leben vor einer grundsätzlichen, den weiteren Verlauf Ihres Daseins bestimmenden Entscheidung gestanden. Sie haben einen bestimmten Beruf oder Ehepartner gewählt, ein Kind gekriegt oder nicht, ein Haus gebaut oder eben auch nicht. Das heißt, Sie haben eine Möglichkeit gewählt und mindestens eine andere abgelehnt.

Wenn nun dieser nicht begangene potentielle Lebensweg für Sie ab dem Zeitpunkt Ihrer Entscheidung rasch an Bedeutung verloren hat, wenn Sie sich nicht immer wieder mit dem anderen Wissensgebiet beschäftigt haben, erhält dieser Zweig an Ihrem Lebensbaum keine Nahrung und verkümmert bald. Bleibt aber Ihr Interesse an der ausgeschiedenen Studienrichtung oder die Freundschaft zu dem nicht erhörten Beinahe-Lebensgefährten bestehen, lenken Sie immer wieder Ihre gedankliche Energie zu diesem Thema. Das heißt, auf irgendeiner anderen Ebene Ihrer Existenz, in irgendeinem anderen Bereich des Kosmos leben Sie ein Parallelleben, das durchaus Eigendynamik entwickelt.

Dichter kennen dieses Phänomen von ihren Romanfiguren, die doch – vermeintlich – nur ihre eigene Schöpfung, Produkte ihrer Phantasie sind. Aus magischer Sicht sind sie allerdings auch Bestandteile des eigenen Traums und damit vom Dichter selbst. Sie repräsentieren die in der gewöhnlichen Realität nicht ausgedrückten Eigenschaften, Wünsche und Bedürfnisse und absolvieren eben die nicht hier gelebten Leben. So ist es nicht verwunderlich, daß der Autor oftmals von dem Eigenleben seiner „Kreationen“ verblüfft wird und gar nicht mehr das Gefühl hat, dieses noch beeinflussen zu können. Er schreibt nur mehr auf, was sich ihm aus einer anderen Welt, seiner Romanwelt, mitteilt. Die Kunst läßt uns da glücklicherweise mehr Spielraum als eine profanere Umgebung. Im Extremfall würde hierzulande jemand, der die verschiedenen Leben und Realitäten nicht mehr peinlichst genau trennt, für schizophren gehalten. Dabei hat er aus magischer Sicht nur zu viele Türen gleichzeitig offen.

Leider geben wir in unserem Kulturkreis den Facetten unseres Lebens in der nichtalltäglichen Wirklichkeit wenig Gewicht, für den Magier / die Magierin ist aber die Überlegung durchaus nicht ungewöhnlich, daß jemand, der sich einmal für eine Juristenlaufbahn entschieden hat, obwohl ihn auch ein Physikstudium sehr begeistert hätte, der sich naturwissenschaftlich – wenn auch eher hobbymäßig – auf dem laufenden hält, plötzlich, und sei's im Traum, eine fundamentale, bahnbrechende Entdeckung auf dem Gebiet der Teilchenphysik macht. Er hat die Türe, durch die er damals nicht gegangen ist, nie ganz geschlossen, daher bleibt ihm der Zugang zu diesem speziellen Wissens- und Bewußtseinspool erhalten. Und eines Tages dringt ganz unvermutet ein Gedankenmuster, das schon „in der Luft liegt", angezogen durch die wissenschaftlichen Bemühungen seiner potentiellen Forscher-Kollegen, in das Bewußtsein desjenigen, der ganz entspannt und ohne finanziellen oder anderen Druck dafür offen ist. Das kann ganz leicht passieren und ist sicher schon oft passiert, meine ich.

Es kann auch sein, daß sich irgendwann zwei parallele Lebensstränge wieder verbinden, daß die bisher nicht in dieser Wirklichkeit gelebten Bereiche plötzlich auftauchen und genützt werden können. So hat mir eine Freundin, die sich liebend gerne Horrorfilme ansieht, sich solche aber auch allnächtlich im Traum inszeniert (was sie nicht immer ganz so lustig findet), erzählt, daß ihr in ihrer esoterisch-beratenden Arbeit eine überdurchschnittlich große Zahl von Menschen mit traumatischen Erlebnissen begegnet, mit denen sie aber gut zurechtkommt. Schließlich gehört der Umgang mit massiven Bedrohungen, mit Entsetzen und Tod zu ihrem inneren Alltag, der parallel zu einem ganz friedlichen, bürgerlichen äußeren Leben stattfindet. So wird die dunkle, dramatische Seite ihrer Persönlichkeit, die sie nicht verdrängt, sondern kontrolliert zuläßt und lebt, von ihr zu einem auch für andere nützlichen und heilsamen Wissen und Werkzeug transformiert.

Ich selbst habe meinen erlernten Beruf als Architektin nach Studienende nur mehr sporadisch im Freundeskreis ausgeübt. Jetzt, nach mehr als zwanzig Jahren, habe ich als Schamanin mit Bauprojekten zu tun, ja, es kommen sogar Auftraggeber auf mich zu, die mein erstes Buch gelesen haben und sich aufgrund dessen Entwürfe und energetische Konstellationen erwarten, die sich in der alltäglichen und nichtalltäglichen Wirklichkeit zu ihren Gunsten auswirken sollen. Mit anderen Worten, der Kosmos verfügt wieder einmal über ein weit größeres Spektrum an Varianten, Kombinationen und Lösungen, als ich mir bisher vorstellen konnte.

Auch zum Thema Reinkarnation gibt es verschiedene Denkmodelle. In den meisten östlichen Religionen und Philosophien gibt es das „Rad der Wiederkehr“, die Betrachtung des Lebens als ein Kontinuum, als eine ununterbrochene Aufeinanderfolge von Zyklen, von Geburt und Tod, von Leben in verschiedenen Körpern – nicht nur menschlichen – und Zwischenleben als Geistwesen. In diesem Modell gibt es den Begriff des „Karma“ (eigentlich Tat oder actio-reactio), eine chronologische Abfolge von Ursache und Wirkung. Das bedeutet, jeder Mensch muß alles, was er verursacht und aus der Balance gebracht hat, wieder einlösen und ausgleichen. Jede Entscheidung und Tat hat Konsequenzen, wenn nicht in diesem, dann doch im nächsten Leben. Jede Wohltat wird in Form einer besseren nächsten Inkarnation belohnt, alles Üble durch eine schlechtere bestraft. Das Ziel ist, diesem Rad eines Tages durch Erledigen aller Lernschritte, Auflösen aller Anhaftungen an die materielle Welt, durch Erleuchtung zu entkommen.

Hawaiianer haben dagegen ihre unmittelbare Umgebung, ihren Lebensraum als Modell gewählt, für sie sind verschiedene Leben verschiedene Inseln im Ozean der Zeit, existieren also parallel. Jeder kann kommen und gehen, sooft er mag. Es gibt gemäß dem Weltbild der Abenteuerschamanen, für die jede beliebige Lebenssituation ein mehr oder weniger spannendes Abenteuer ist, das es so kreativ, lust- und liebevoll wie nur möglich zu bestehen gilt, keine lineare Entwicklung. Jeder Mensch hat in diesem Denkmodell selbstverständlich die Möglichkeit, je nach dem günstigsten Wind Richtung Mittelalter, Richtung Steinzeit oder Richtung 24. Jahrhundert zu segeln. Damit ist gemeint, jedem steht es frei, seine Aufmerksamkeit dorthin zu lenken, wo es für ihn selbst gut, angenehm und sinnvoll ist.

Zu dieser Weltsicht paßt sowohl das Denkmuster, daß ein einzelner verschiedene Insel-Leben in beliebiger Reihenfolge ansteuern kann, als auch jenes, gemäß dem jeder auf allen Zeit-Inseln gleichzeitig lebt und diesen nur unterschiedlich viel Bedeutung und damit bewußt Energie gibt.

Sogar im buddhistischen Bhutan ist mir eine spezielle Annahme von Parallelexistenzen begegnet. So gehen die Bhutanesen davon aus, daß Guru Rinpoche, der verehrte Lehrer und Magier Padmasambhava, derzeit in drei Aspekten, Körper, Seele und Geist, in drei verschiedenen Menschen an verschiedenen Orten inkarniert ist.

Ich möchte Ihnen noch ein Modell anbieten, das mehr unseren europäischen Erfahrungen entspricht, das ich im übrigen im Kapitel „Vergangenheit verändern“ im ersten Magie-Buch schon einmal, aber anders benützt habe: Stellen Sie sich vor, Sie hätten dieses Buch schon bis zur Seite 42 gelesen und aufgeschlagen weggelegt. Wenn der Wind nun die Seiten verblättert hat, bis Sie zum Weiterlesen Zeit finden, kann es sein, daß Sie sich plötzlich in einem anderen Kapitel befinden und sich über den nicht nachvollziehbaren Kontext wundern. Sie sind, wenn man so will, in eine andere Welt und Zeit hineingeraten. Genau so kann es Ihnen ergehen, wenn Sie durch ein Déjà-vu-Erlebnis in den Ruinen von Macchu Pichu die Tür zum Inka-Reich offen vorgefunden haben oder wenn Sie durch Präkognition, durch Vorauswissen, eine Szene schon beobachtet haben, die sich in Ihrer alltäglichen Umgebung erst in einigen Tagen ereignen wird.

Alle Seiten des Buches sind bereits beschrieben, der Text ist vollständig. Nur Sie selbst beschränken Ihre bewußte Ausrichtung auf einen bestimmten Ausschnitt, da wir alle außerstande sind, alle parallelen Existenzen, die unendliche Fülle der Möglichkeiten gleichzeitig wahrzunehmen.

Suchen Sie sich aus den angeführten Denkmustern das aus, das Sie für sich selbst für das zielführendste und praktikabelste halten. Oder denken Sie sich ein ganz anderes, für Sie passendes aus. Das eine ist so gut und richtig, aber eben auch ebenso unbeweisbar wie das andere. Was auch gar kein Unglück ist. Es handelt sich um Vorstellungen, um subjektive Weltbilder, nicht um die eine, unumstößliche Wahrheit.

Wenn Sie neugierig darauf sind, was wohl aus Ihnen geworden wäre, wenn Sie damals eine andere Ausbildung, einen anderen Partner gewählt oder die Reise nach Südamerika gewagt hätten, können Sie sich dieses Parallelleben jederzeit anschauen. Wenn Sie der Gedanke, daß Sie irgendwann einmal in den vergangenen Jahren die Weichen falsch gestellt oder etwas Wichtiges versäumt haben, quält, kann es für Sie besonders lehrreich und tröstlich sein, sich das „Was wäre, wenn …“ anzusehen.

Und so geht's:

Schließen Sie die Augen und entspannen Sie sich mit KIMANA. Lösen Sie sich von emotionellen Belastungen im Hier und Jetzt und bringen Sie sich in einen harmonischen Zustand. Gehen Sie nun in Ihrer Erinnerung zurück bis zu dem Zeitpunkt, wo Sie Ihre Entscheidung getroffen haben. Stellen Sie sich vor, Sie stehen in einem Raum vor zwei Türen. Die eine ist diejenige, hinter der der bis heute gegangene Weg liegt, durch die Sie gerade in den Raum Ihrer Entscheidung zurückgekommen sind, und hinter der anderen liegt der damals abgelehnte Weg bis heute oder sogar noch weiterreichend. Machen Sie nun diese zweite Türe auf und gehen Sie den Weg entlang, betrachten und erleben Sie auf Ihrer schamanischen Reise alles, was Sie dort vorfinden, und merken Sie sich gut, wie Sie sich dabei fühlen.

Sobald Sie genug gesehen und erfahren haben, gehen Sie den Weg wieder zurück bis in den bewußten Raum und schließen Sie diese zweite Türe wieder sorgfältig hinter sich. Dann gehen Sie erneut durch die erste Türe und folgen dem bekannten Weg bis zur Jetztzeit. Mit der Fortsetzung der Atemübungen kehren Sie zurück in Ihre gewohnte Umgebung. Atmen Sie noch einmal tief ein und aus, bewegen Sie Hände und Füße und öffnen Sie wieder die Augen.

Wahrscheinlich kommen Sie nach einem solchen inneren Abenteuer zu dem Schluß, daß es mit Ihren bisherigen Entscheidungen schon seine Richtigkeit hatte. Ist es doch ein bekanntes psychologisches Phänomen, daß wir alle dazu neigen, das, was wir gerade nicht haben oder tun können, zu idealisieren, nur die wünschenswerten, attraktiven Aspekte zu sehen und zu vermissen. Da aber alles im menschlichen Leben Teil eines polaren Systems ist, da wir uns immer im Spannungsfeld zwischen entgegengesetzten Begriffen (Tag – Nacht, Krieg – Frieden, Gesundheit – Krankheit etc.) zurechtfinden müssen, hätte auch Ihr nicht oder nicht hier begangener Lebensweg Sie über einige Hindernisse und Stolpersteine geführt. Auf der schamanischen Reise durch Ihr Parallelleben haben Sie vielleicht herausgefunden, wie diese ausgesehen haben oder hätten, und sind darum etwas desillusioniert und gerne in Ihre gewohnte Existenz zurückgekehrt. Das würde ich schon als sehr nützliches Ergebnis sehen, das auch dazu dient, Sie mit mehr Zufriedenheit und Freude im Hier und Jetzt zu verankern.

Es könnte allerdings auch sein, daß Sie mit der Erkenntnis zurückgekommen sind, daß Ihnen hier in diesem Leben etwas fehlt. Aus den Erfahrungen in der Parallelwelt können Sie durchaus lernen und damit Ihre alltägliche Wirklichkeit auffrischen und bereichern. Vielleicht sollte die Phantasie auch hier mehr Raum bekommen, Sie beginnen also wieder zu malen oder Geschichten zu erzählen und verknüpfen damit die parallelen Lebensstränge. Vielleicht wollten Sie immer schon mehr mit Pflanzen und ihren Heilkräften zu tun haben und melden sich nun zu einem Seminar über Spagyrik, die seit Paracelsus bekannte Zubereitungsform von Arzneimitteln aus Pflanzen, an. Oder Sie verbringen Ihren nächsten Urlaub als Volontär bei einem Projekt von Experimentalarchäologen und lernen die Lebensweise der Kelten am eigenen Leib kennen.

Auf jeden Fall kann die Beschäftigung mit Ihren bisher nicht in dieses Leben integrierten Interessen und Bedürfnissen dazu beitragen, brachliegende Fähigkeiten zu entwickeln und mehr Lust am Leben zu haben. Lassen Sie sich von sich selbst überraschen!

Nachbemerkung

Oculi-Spirale, Felszeichnung aus dem Camonica-Tal in Italien, 3.- 2. Jahrtausend v. Chr.

Mit den letzten beiden Kapiteln haben Sie sich nun mit mir gemeinsam schon sehr weit in Welten, die uns nicht aus unserer alltäglichen Realität vertraut sind, vorgewagt. Ist es nicht spannend, was sich einem alles an Möglichkeiten erschließt, wenn man aus dem sicheren Hort der gewohnten geistigen Strukturen ausbricht? Ist das menschliche Bewußtsein nicht ein wunderbares, wahrhaft göttliches Geschenk, das uns da mitgegeben worden ist?

Sie werden sehen, je vertrauter Ihr Umgang mit den bisher unbekannten Ecken und Nischen von KU, LONO und KANE wird, umso mehr neue Facetten und Zugänge werden sich Ihnen erschließen. Die Beschäftigung mit der nichtmateriellen Welt ist ein nie endendes Abenteuer, es wird Ihnen garantiert nie langweilig dabei. Und das Schöne daran ist, das muß keineswegs nur eine L'art-pour-l'art-Bemühung bleiben. Alle Ihre neuen Erfahrungen und Erkenntnisse lassen sich in der alltäglichen Wirklichkeit einsetzen und manifestieren. Sie gehen nicht auf den „Ego-Trip" und verlieren den Boden unter den Füßen, nein, ganz im Gegenteil: Indem Sie sich wirklich selbst Ihres Potentials in allen Bereichen vergewissern, gewinnen Sie auch in der materiellen Welt an Terrain.

Lassen Sie sich niemals von verschiedenen Lehrmeinungen durcheinanderbringen! Die Hawaiianer haben in ihrer Philosophie einen Grundsatz, der lautet: „Wirksamkeit ist das Maß der Wahrheit.“ Damit meinen sie, daß alles, was Ihnen dazu dient, mit sich selbst im reinen zu sein, mit Ihrem Umfeld gut und einvernehmlich zurechtzukommen, Probleme zu lösen und den Alltag zu bewältigen, eben Ihrer persönlichen Wahrheit entspricht.

PONO, das Schlüsselwort zu diesem Prinzip, bedeutet wörtlich übersetzt „Harmonie“, also das Zusammenführen der Dinge, die zusammenpassen. Und niemand kann besser beurteilen, womit Sie sich wohlfühlen, als Sie selbst.

Nehmen Sie sich aus allen Weltbildern und Denkmustern das heraus, was Ihnen gefällt. Da jeder Mensch immer nur einen Ausschnitt der Wirklichkeit wahrnimmt, hat auch keiner die einzige und umfassende Wahrheit zu verwalten. Sie selbst sind die Autorität, die entscheidet, was sich mit Ihnen und Ihrem Leben verträgt. Niemand sonst. Es nimmt Ihnen auch schließlich niemand die Konsequenzen ab, wenn Sie sich falsch entschieden haben. Niemand wird an Ihrer Stelle unglücklich, krank oder erfolglos sein.

Darum genießen Sie jeden kostbaren Augenblick im Hier und Jetzt, lenken Sie Ihre Aufmerksamkeit auf das, was Sie wollen, und ziehen Sie sie von allem ab, was Sie nicht wollen. Nicht um sich die Welt schönzulügen, sondern um die eigene Energie dorthin fließen zu lassen, wo in Ihrem Sinn etwas wachsen und gedeihen soll. Benutzen Sie Ihre Schöpferkraft und gestalten Sie sich ein gutes, sinnvolles, glückliches Leben!

Ich wünsche Ihnen von ganzem Herzen, daß es gelingen möge! Sie brauchen dazu im Grunde nur eines:

ALOHA NUI!

(Viel Liebe)

Legen Sie Ihre persönliche Schatzkarte an (zu finden im Buch: „Magie ist keine Hexerei“, Kapitel „Wünschen“), indem Sie hier Bilder und Texte einkleben, die zu Ihrer Vision, Ihrem Lebensziel passen! Damit schaffen Sie sich Ihren eigenen Fokus.

Eva Ulmer-Janes, Architektin und Kostümbildnerin, arbeitet seit 1982 mit Schamanen aus verschiedenen Kulturen in Peru, Brasilien, Tibet und Hawai'i. Sie ist davon fasziniert, deren Wissen auch unter den Gegebenheiten einer europäischen Großstadt sinnvoll anzuwenden.

Wenn Sie sich für Kurse mit Eva Ulmer-Janes interessieren, wenden Sie sich bitte an den IBERA Verlag, Schubertring 8, A-1010 Wien.

Ebenfalls bei Ibera erschienen:

Eva Ulmer-Janes
Magie ist keine Hexerei
Vom bewußten Umgang mit Energie

240 Seiten, Geb.
DM 34,-/öS 248,-/sFr 34,-
ISBN 3-900436-50-9

Yo soy, yo ago! (Ich bin, ich handle!), sagte Don Eduardo Calderon Palomino, der peruanische Schamane, und beschrieb damit genau, worum es im magischen Weltbild geht: Seinen eigenen Platz und seine Aufgabe im Universum wahrzunehmen und die eigenen Visionen verantwortungs- und liebevoll umzusetzen.

Sie müssen an nichts Befremdliches „glauben" und keinerlei Vorbildung haben, um Erfahrungen in der nichtalltäglichen Wirklichkeit zu machen. Wenn Sie bereit sind, offen und ohne Vorurteile einige mentale Techniken auszuprobieren, sammeln Sie Ihre eigenen Erfahrungen und „wissen" dann. Und nur das zählt!